Lezzetli İspanyol Mutfağı Tatları ve Gelenekleri Keşfedin

Aylin Karavelioğlu

İÇERİK

ÇİĞ VE TOHUM Salyangoz

İÇERİK

500 **gr salyangoz**

500 **gr chanterelles**

200 **gr doğranmış serrano jambonu**

200 **ml domates sosu**

1 **bardak beyaz** şarap

1 **yemek** kaşığı **chorizo biber**

1 **çay** kaşığı **kıyılmış taze maydanoz**

1 **defne yaprağı**

2 **diş sarımsak**

1 **adet taze soğan**

1 **kırmızı biber**

DETAY

Salyangozları soğuk su ve tuzla, mukus salmayı bırakana kadar temizleyin.

Bunları soğuk tuzlu suya koyun ve kaynamaya başladıkları andan itibaren 8 dakika sayın.

Soğanı ve sarımsağı ince ince doğrayın. Jambonla kısık ateşte pişirin. Parçalara kesilmiş filetoyu ekleyin ve yüksek ateşte 2 dakika kızartın.

Şaraba daldırın ve buharlaşmasına izin verin. Chorizo etini, biberi, domatesi ve acı biberi ekleyin. Sonunda salyangozları ve defne yaprağını ekleyin ve yaklaşık 10 dakika pişirin. Üstüne kıyılmış maydanoz ekleyin.

HİLE

Salyangozların tadı güçlü olduğundan ve jambon zaten tuzlu olduğundan herhangi bir zamanda tuz eklemenize gerek yoktur.

HAMİLELİK SANDVİÇLERİ

İÇERİK

500 **gr güçlü un**

75 **gram tereyağı**

25 **gr sıkıştırılmış maya**

2 **sosis**

1 **bütün yumurta**

1 **yumurta sarısı**

1 **çay kaşığı şeker**

tuz

DETAY

Elenmiş undan bir volkan yapın. Ortasına yumuşatılmış tereyağı, yumurta, şeker, maya, 1 bardak ılık su ve tuzu ekleyin.

Homojen bir kütle elde edilene kadar yoğurun. Bir ısı kaynağının yakınında 40 dakika mayalanmaya bırakın.

Orta boy toplar oluşturun ve içine bir parça chorizo yerleştirin. İyice örtün, üzerine yumurta sarısı sürün ve 210°C'de 15 dakika pişirin.

HİLE

Hamurun daha hızlı mayalanması için su dolu kil bir kaba konularak 50°C'de 30 dakika pişirilebilir. İyi kaplanmış olmalıdır.

KARAMELİZE SOĞANLI KÖK ŞEKERİ

İÇERİK

4 yaprak kısa hamurlu hamur işi

8 küp kaz ciğeri

2 yemek kaşığı tereyağı

Karamelize soğan (Sebze bölümüne bakın)

Tuz ve biber

DETAY

Tuğla panelleri 16 dikdörtgene kesin. Her birine eritilmiş tereyağı sürün ve kalan katları üst üste koyarak birleştirin.

Üzerine sotelenmiş kazları yerleştirip karamel şeklinde kapatın. Tekrar yumurta sürün ve 200°C'de dışı hafif kızarana kadar pişirin. Karamelize soğanla servis yapın.

HİLE

Fırında pişirmek yerine kızartılabilirler ancak hamurun çok altın rengi olmamasına dikkat edin.

ZEYTİNLİ VE KIRMIZI SALATALIKLI HAMİSE COCA

İÇERİK

250 **gr un**

25 **gr ceviz**

15 **gr taze maya**

125 **ml ılık su**

12 **konserve hamsi**

1 **küçük kutu çekirdekleri çıkarılmış zeytin**

1 **çay kaşığı dereotu**

1 **diş sarımsak**

125 **ml zeytinyağı**

DETAY

Unu bir kaseye eleyin. Ayrıca mayayı ılık suda eritin.

Unla bir volkan yapın ve içine çözünmüş maya, yağ ve suyu dökün. Elinize yapışmayacak şekilde yoğurun (gerekirse biraz daha un ekleyin). 30 dakika kadar üzeri kapalı olarak bekletin.

Bu arada zeytinleri bir diş sarımsak, ceviz ve dereotu ile ezin. Biraz zeytinyağı ekleyin ve ayırın.

Hamuru oklavayla açın ve ½ cm kalınlığında dikdörtgenler oluşturun. Fırın tepsisine pişirme kağıdını yerleştirin ve 175°C'de 10 dakika pişirin.

Kolayı fırından çıkarıp üzerine zeytin ezmesini sürün ve üzerine hamsileri yayın.

HİLE

Füme morina yerine hamsi kullanılabilir. memnuniyetle

ELMA BALI VE GÜLLÜ SOSİS

İÇERİK

750 ml elma şarabı

150 gram bal

16 sosis

1 dal biberiye

DETAY

Chorizo, elma şarabı, bal ve biberiyeyi kısık ateşte 30 dakika veya elma şarabı yarı yarıya azalıncaya kadar pişirin.

HİLE

Daha fazla lezzet elde etmek için sosisleri 24 saat elma şarabı içinde bekletin.

Sosis ve pastırmadan pastırma

İÇERİK

10 **tütsülenmiş sosis**

10 **dilim pastırma**

10 **dilim dilimlenmiş ekmek**

1 **yumurta**

DETAY

Ekmek dilimlerinin kenarlarını kesin. Bir oklava ile çok ince bir tabaka halinde açın ve ikiye bölün.

Sosislerin kenarlarını çıkarın (estetik olsun diye bırakabilirsiniz) ve ikiye bölün. Ayrıca pastırma dilimlerini de kesiyoruz.

Dilimin yüzeyini yumurtayla fırçalayın ve bir dilim pastırma yerleştirin, dışarı çıkmamasına dikkat edin. Çöreğin bir ucuna sosisleri yerleştirip diğer ucuna gelinceye kadar sarın. İyice bastırıp 175 °C'de ekmekler çıtır çıtır olana kadar pişirin.

HİLE

Küçük kokteyl sosislerinden mini şekerler yapılabilir. Soğuk algınlığına yakalanmamak için hemen yemek yemek önemlidir.

KIRMIZI YAĞ VE Fesleğenle Kavrulmuş KIRMIZI MANTAR

İÇERİK

250 **gram mantar**

250 **gr soyulmuş karides**

12 **adet taze fesleğen yaprağı**

3 **diş sarımsak**

1 **kırmızı biber**

zeytin yağı

tuz

DETAY

Mantarların saplarını çıkarın, sarımsakları soyup temizleyin ve ince ince doğrayın.

Mantarları sıcak bir tavada sarımsakla birlikte (önce çevrilmiş) her iki tarafta 2 dakika kızartın. Artırmak. Karidesleri aynı yağda hafifçe kızartın.

Fesleğen ve kırmızı biberi ayrı ayrı biraz yağla öğütün.

Karidesleri mantarların üzerine koyun ve tuzlayın. Fesleğen yağı sosu.

HİLE

Ayrıca 210°C'de 5 dakika pişirilip üzerine bir dilim Manchego peyniri eklenebilir.

SİYAH PUDING VE ARMUT KROKET

İÇERİK

200 **gr siyah puding**

120 **gram tereyağı**

120 **gr un**

1 **litre süt**

2 **konferans armut**

Un, yumurta ve galeta unu (ekmek için)

küçük hindistan cevizi

zeytin yağı

Tuz ve biber

DETAY

Armutları soyun, küçük parçalar halinde kesin ve çekirdeklerini çıkarın. Rezerv.

Siyah muhallebiyi biraz yağda ufalanana kadar kızartın. Armutları ekleyin ve 2 **dakika kızartın.**

Aynı tavada tereyağını eritip unu ekleyip kısık ateşte 10 **dakika kavurun. Sütü bir kerede ekleyin ve sürekli karıştırarak** 45 **dakika daha pişirin. Tuz, karabiber ve hindistan cevizi ile tatlandırın.**

Hamuru bir fırın tepsisine yerleştirin ve tamamen soğumasını bekleyin. İstenilen parçalara kesip şekil verin. Un, yumurta ve galeta unu ile karıştırıp bol yağda kızartın.

HİLE

Kroketler kızartıldıktan sonra dondurabilirsiniz. Kızartmadan önce yapmanız gereken tek şey, onu ekmek kırıntılarında yuvarlamaktır.

Morina kroketi

İÇERİK

200 **gr tuzsuz morina**

120 **gram tereyağı**

120 **gr un**

1 **litre süt**

Un, yumurta ve galeta unu (ekmek için)

küçük hindistan cevizi

zeytin yağı

Tuz ve biber

DETAY

Morina balığını sütte 5 dakika kısık ateşte pişirin. Sütü süzün, ayırın ve morina balığını küçük parçalar halinde kesin.

Tereyağını bir tavada eritip unu ekleyin ve kısık ateşte 10 dakika kavurun.

Sütü bir kerede dökün ve sürekli karıştırarak 40 dakika daha kısık ateşte pişirin. Morina ekleyin ve 5 dakika daha pişirin. Tuzlayın ve biraz hindistan cevizi ekleyin.

Hamuru bir fırın tepsisine yerleştirin ve tamamen soğumasını bekleyin. İstenilen parçalara kesip şekil verin. Un, yumurta ve galeta unu ile karıştırıp bol yağda kızartın.

HİLE

Bol miktarda morina olduğu için tuzlu noktaya dikkat edin.

Domates soslu salyangoz

İÇERİK

1 **kg salyangoz**

50 **gr serano jambonu, küçük parçalar halinde kesilmiş**

2 **büyük domates**

2 **küçük diş sarımsak**

1 **defne yaprağı**

1 **büyük soğan**

1 **kırmızı biber**

şeker

zeytin yağı

tuz

DETAY

Salyangozları su ve tuzla 5 dakika kadar temizleyin. Boşaltın ve işlemi 3 kez tekrarlayın.

Salyangozları soğuk suda haşlayın ve ilk kaynamada suyunu süzün. İşlemi 3 kez tekrarlayın.

Salyangozlar defne yaprağıyla birlikte 20 dakika kaynatılır.

Soğanı, biberi ve sarımsağı küçük parçalar halinde kesin. Her şeyi karidesteki jambonla birlikte kısık ateşte kızartın. Rendelenmiş domatesleri ekleyip orta ateşte domatesler

suyunu tamamen çekene kadar pişirin. Tuz ve şekeri gerektiği gibi ayarlayın.

Salyangozları ekleyip kısık ateşte 5 dakika pişirin.

HİLE

Salyangozların temizliği çok önemlidir. Aksi halde kötü tatlar ortaya çıkacaktır.

TON BALIKLI KÖFTE

İÇERİK

200 **gr un**

100 **gr yağda ton bal**ığı

½ **dl beyaz** şarap

3 **yemek ka**şığı **domates sosu**

1 **küçük yeşil biber**

1 **küçük taze soğan**

1 **haşlanmış yumurta**

½ **dl zeytinya**ğı

tuz

DETAY

Elenmiş undan bir volkan yapın ve içine şarap, **yağ ve tuz dökün. Homojen bir kütle elde edilinceye kadar yoğurun ve** 20 **dakika buzdolabında bekletin.**

Bu arada soğanı ve biberi ince ince doğrayın. 10 **dakika kısık ateşte kavurup domates püresini, küçük parçalar halinde kesilmiş yumurtayı ve doğranmış ton balığını ekleyin.** 2 **dakika daha pişirin ve hamuru soğumaya bırakın.**

Daha sonra unlanmış zeminde yapışmaması için ince bir şekilde **açıp yuvarlak** şekil **verin. Her empanadillayı bir kaşık dolusu ton balığıyla doldurun. Kenarlarını nemlendirin, kapatın ve iyice kapatmak için bir çatalla kıvırın.**

Bol yağda kızartıp emici kağıt üzerine dökün.

HİLE

Kalorileri azaltmak için 190°C'de altın rengi olana kadar pişirin.

SARIMSAKLI KARİDES KROKET

İÇERİK

200 **gr karides**

120 **gram tereyağı**

120 **gr un**

1 **litre süt**

2 **diş sarımsak**

Un, yumurta ve galeta unu (ekmek için)

küçük hindistan cevizi

zeytin yağı

Tuz ve biber

DETAY

Doğranmış sarımsakları tereyağıyla birlikte bir tavada kısık ateşte 5 dakika kızartın.

Karidesleri soyun ve doğrayın. Bunları tavaya ekleyin ve 30 saniye kızartın. Unu ekleyip 10 dakika daha kısık ateşte kavurun.

Sütü bir kerede ekleyin ve sürekli karıştırarak 45 dakika daha pişirin. Tuz, karabiber ve hindistan cevizi ile tatlandırın.

Hamuru bir fırın tepsisine yerleştirin ve tamamen soğumasını bekleyin. İstenilen parçalara kesip şekil verin. Un, yumurta ve galeta unu ile karıştırıp bol yağda kızartın.

HİLE

İyi karides kafası ve karkas çorbası yerine süt kullanılabilir.

MOZZARELLA, KİRAZ VE ROKA PAKETİ

İÇERİK

16 **adet mozzarella topu**

16 **kiraz domates**

1 **küçük avuç taze roka**

1 **yemek kaşığı kıyılmış ceviz**

zeytin yağı

DETAY

Suyu kaynatın, domatesleri ekleyin ve 30 **saniye pişirin. Fırından çıkarıp buzlu suda soğutun.**

Kirazları soyun ve şişleri onlarla ve peynirle karıştırın.

Roka ve cevizleri biraz yağda ezin ve bu sosu şişlere takarak servis edin.

HİLE

Domatesleri fazla pişirirseniz çok kolay soyulur ve dokusu çok güzel ve yumuşak olur.

GILDAŞ

İÇERİK

16 **adet çekirdeği çıkarılmış siyah zeytin**

16 **biber**

16 **hamsi**

8 **piquillo biberi**

DETAY

Zeytin, biber, hamsi ve kırmızı biberi atarak on altı şiş hazırlayın.

HİLE

Bu Euskadi'de çok tipik bir atıştırmalıktır. En iyi biberler Guipúzcoa şehirlerinden, en iyi hamsiler ise Santoña'dan gelir.

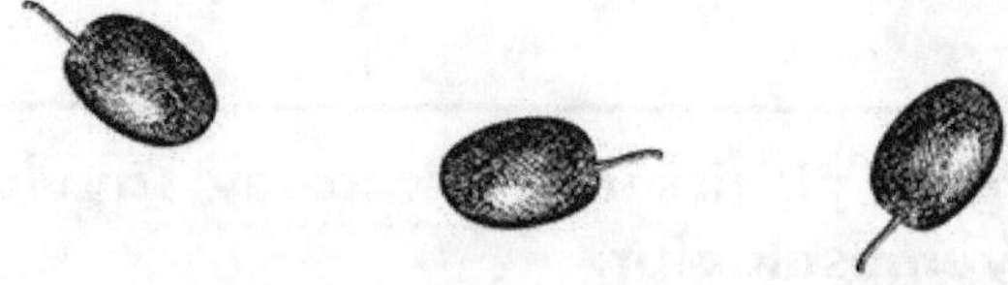

EV YAPIMI panada hamuru

İÇERİK

1 **kadeh** şarap

1 **bardak süt**

2 **yumurta sarısı**

şöhret

1 **su bardağı** zeytinyağı **veya ayçiçek yağı**

tuz

DETAY

Tüm sıvıları ve tuzu çırpma teli ile çırpın. Hamur elinize yapışana kadar yavaş yavaş un ekleyin. Hamuru ikiye bölün ve oklava kullanarak çok ince bir tabaka halinde açın.

Pişirme kağıdını fırın tepsisine yerleştirin ve üzerine hamur katmanlarından birini yerleştirin. İstenirse üzerini çatalla delin (soğuk olmalı).

İkinci kat makarnayı örtün, çatalla delin ve buharın çıkması için ortasından kesin. Kenarları yapıştırın ve çırpılmış yumurta sarısı ile boyayın.

Fırını 190°C'ye ısıtın ve 25 dakika veya yüzeyi altın kahverengi olana kadar pişirin.

HİLE

Her türlü şarabı kullanabilirsiniz: beyaz, kırmızı, tatlı vb. İyi kırmızı biber gibi baharatlar da hamura karıştırılabilir.

TAVUK kroket ve haşlanmış yumurta

İÇERİK

120 **gram tereyağı**

120 **gr un**

1 **litre süt**

1 **tavuk göğsü**

2 **haşlanmış yumurta**

Un, yumurta ve galeta unu (ekmek için)

küçük hindistan cevizi

zeytin yağı

Tuz ve biber

DETAY

Göğsü 12 **dakika kaynatın, soğutun ve küçük parçalar halinde kesin.**

Tereyağını bir tavada eritip unu ekleyin ve kısık ateşte 10 **dakika kavurun. Sütü bir kerede ekleyin ve sürekli karıştırarak** 40 **dakika daha pişirin. Haşlanmış yumurtaları ve parçalara ayrılmış tavukları ekleyin.** 5 **dakika daha pişirmeye devam edin.**

Tuz, karabiber ve hindistan cevizi ile tatlandırın.

Hamuru bir fırın tepsisine yerleştirin ve tamamen soğumasını bekleyin. İstenilen parçalara kesip şekil verin. Un, yumurta ve galeta unu ile karıştırıp bol yağda kızartın.

HİLE

Sütün bir kısmı tavuk suyu ile değiştirilebilir.

MAVİ PEYNİRLİ CEVİZLİ KROKET

İÇERİK

120 **gram tereyağı**

120 **gr un**

100 **gr mavi peynir**

1 **litre süt**

1 **avuç dörde bölünmüş ceviz**

Un, yumurta ve galeta unu (ekmek için)

küçük hindistan cevizi

zeytin yağı

Tuz ve biber

DETAY

Tereyağını bir tavada eritip unu ekleyin ve kısık ateşte 10 **dakika kavurun. Sütü ve peyniri bir kerede ekleyip kısık ateşte sürekli karıştırarak** 45 **dakika daha pişirin. Tuz, karabiber ve hindistan cevizi ile tatlandırın.**

Hamuru bir fırın tepsisine yerleştirin ve tamamen soğumasını bekleyin. İstenilen parçalara kesip şekil verin. Her ekmeğin içine dörtte bir ceviz koyun. Un, yumurta ve galeta unu ile karıştırıp bol yağda kızartın.

HİLE

Peynir çok fazla tuz kattığı için tuz eklemeden önce kroket hamurunu tadın.

TAVUK TOST IZGARA PINNAZE SEBZE

İÇERİK

8 **dilim ekmek**

40 **gr çeşitli marul**

40 **gr doğranmış Manchego peyniri**

1 **küçük tavuk göğsü**

4 **yemek kaşığı roze sos** (bkz. Çorbalar ve Soslar)

Şuruplu 2 **dilim ananas**

2 **salatalık turşusu**

1 **haşlanmış yumurta**

zeytin yağı

DETAY

Göğsü 12 **dakika pişirin. Soğutun ve ince şeritler halinde kesin.**

Ananasın her iki tarafını da az miktarda yağda kızartın. Rezerve edin ve ince doğrayın.

Yumurtaları ve turşuyu doğrayıp geri kalan malzemeleri pembe sosla karıştırın.

Ekmeği kızartın ve dolguyla kaplayın.

HİLE

Ayrıca pişmiş jambon parçaları ve hatta konserve ton balığı ile de hazırlanabilir.

MİLLE SALATASI

İÇERİK

4 **büyük patates**

150 **gr konserve ton** balığı

20 **zeytin**

4 **haşlanmış yumurta**

4 **domates**

2 **salatalık**

2 **yeşil biber**

1 **büyük soğan**

Sirke

zeytin yağı

tuz

DETAY

Patatesleri soyun ve orta büyüklükte dilimler halinde kesin. Pişene kadar orta ateşte soğuk tuzlu suda pişirin. Filtreleyin ve soğutun.

Sebzeleri yıkayın ve doğru parçalara bölün. 3 ölçü yağ ve 1 ölçü sirkeden salata sosu hazırlayın ve biraz tuz ekleyin.

Tüm malzemeleri bir kapta karıştırın ve salata sosuyla süsleyin.

HİLE

1 yemek kaşığı tatlı biberi yağda 5 saniye kadar kızartabilirsiniz. Daha sonra soğumaya bırakın ve sosla karıştırın.

ALMAN SALATASI

İÇERİK

1 **kg patates**

75 **gr turşu**

8 **yemek kaşığı mayonez**

4 **yemek kaşığı hardal**

8 **sosis**

1 **adet taze soğan**

1 **elma**

Tuz ve biber

DETAY

Patatesleri soyun, küp şeklinde doğrayın ve suda haşlayın. sakin ol.

Taze soğanı ve elmaları küçük parçalar halinde, sosisleri ve turşuları dilimler halinde kesin.

Mayonez ve hardalı bir kapta karıştırıp diğer malzemeleri ekleyin. Tatmak için baharatlayın.

HİLE

Sebze, meyve ve et içerdiğinden çok eksiksiz bir tarif. Tatlı hardalla da yapılabilir.

PİRİNÇ SALATASI

İÇERİK

200 **gram pirinç**

150 **gr York jambonu**

35 **gr çekirdeği çıkarılmış zeytin**

6 **kapari**

3 **salatalık turşusu**

1 **küçük taze soğan**

1 **küçük domates**

1 **yeşil biber**

Pembe sos (Çorbalar ve Soslar bölümüne bakın)

DETAY

Pirinci pişirin, süzün, tazeleyin ve serin bir yerde saklayın.

Arpacık soğanı, kapari, zeytin, domates, biber ve turşuyu ince ince doğrayın, York jambonunu da lokma büyüklüğünde doğrayın.

Tüm malzemeleri pirinçle birleştirin ve pembe sosla süsleyin.

HİLE

Ayrıca konserve ton balığı şeritleri, peynir küpleri, piquillo biberleri vb.

KARIŞIK SALATA

İÇERİK

100 **gram ton bal**ığı

20 **adet çekirdekleri** çıkarılmış **zeytin**

4 **kutu beyaz kuşkonmaz**

3 **haşlanmış yumurta**

2 **domates**

1 **yeşil salata**

1 **rendelenmiş havuç**

1 **soğan**

Sirke

zeytin yağı

tuz

DETAY

Marulu yıkayın, **dezenfekte edin ve orta büyüklükte parçalar halinde kesin. Domatesleri** yıkayın, **sekize bölün ve yumurtaları dilimler halinde kesin.**

3 **ölçü yağ ve** 1 **ölçü sirke ile bir tutam tuzdan oluşan bir salata sosu hazırlayın.**

Salatayı salata kasesinin en altına koyun ve kalan malzemeleri ekleyin. Salata sosuyla giymek için.

HİLE

Marulu yıkadıktan sonra yapraklarını buzlu suya koyun. Böylece daha yeşil ve çıtır kalırlar.

BİBERLİ Kalamar Salatası

İÇERİK

12 **adet temizlenmiş genç kalamar**

1 **büyük İtalyan yeşil biberi**

2 **diş sarımsak**

2 **domates**

1 **soğan**

1 **salatalık**

9 **yemek kaşığı zeytinyağı**

3 **yemek kaşığı sirke**

tuz

DETAY

Sebzeleri temizleyip orta büyüklükte parçalar halinde kesin. Salatalıkları soyun ve eşit şekilde kesin.

Yağ, sirke ve tuzu karıştırarak salata sosu hazırlayın. Salatayı salata sosuyla süsleyin ve karıştırın.

Tavayı bir damla yağla ısıtın, genç kalamarın her iki tarafını da 30 saniye kızartın, tavaya tuz ve karabiber ekleyin. Biraz tekrar ısıtın ve sıcak olarak servis yapın.

HİLE

Biberleri aşırı ısıtmayın çünkü sirke buharlaşacak ve tadı kaybolacaktır.

KAPRESA SALATASI

İÇERİK

1 **kg domates**

250 **gr mozarella**

½ **demet taze fesleğen**

Modena indirimi (isteğe bağlı)

sızma zeytinyağı

tuz

DETAY

Taze fesleğeni biraz yağla karıştırın. Domates ve mozarellayı dilimler halinde kesin ve bir tabağa koyun.

İstenirse fesleğen yağı, tuz ve Modena redüksiyonu ile tatlandırın.

HİLE

Fesleğen yağını harika bir pesto ile değiştirebilirsiniz.

RUS SALATASI

İÇERİK

1 **kg patates**

400 **gr havuç**

250 **gr bezelye**

400 **gr yağda ton bal**ığı

4 **haşlanmış yumurta**

1 **piquillo biberi**

Zeytin yeşili

mayonez

tuz

DETAY

Patatesleri ve havuçları soyun ve orta büyüklükte parçalar halinde kesin. Kırılmamaları için farklı kaplarda kısık ateşte pişirin. Bezelyeleri açıkta pişirin ki kararmasınlar. Sebzeleri tazeleyin ve soğumaya bırakın.

Ton balığı, yumurta, zeytin ve küçük parçalar halinde kesilmiş biberleri bir salata kasesine koyun. Patates, havuç ve bezelye ekleyin. Tatlandırmak ve karıştırmak için tuz, mayonez sosu. Servis yapmaya hazır olana kadar buzdolabında saklayın.

HİLE

Mayonez, haşlanmış pancarla karıştırılarak salataya eklenir. Salata, kullanılan miktara bağlı olarak pembe veya mor renkte, çok belirgin ve hafif bir pancar tadında olacaktır.

TURUNCU BEYAZ FASULYE SALATASI

İÇERİK

200 **gr beyaz fasulye, pişmiş**

200 **gram pastırma**

2 **portakal**

1 **adet taze soğan**

1 **yemek kaşığı hardal**

2 **yemek kaşığı sirke**

9 **yemek kaşığı zeytinyağı**

Tuz ve biber

DETAY

Pastırmayı şeritler halinde kesin ve biraz yağda kızartın. Rezerv.

Soğanı ince jülyen şeritler halinde kesin. Fasulyeleri güzelce yıkayın. Portakalların parçalarını çıkarın ve üzerini kaplayan beyazımsı kabuğu çıkarın.

Yağ, sirke ve hardaldan salata sosu hazırlayın.

Tüm malzemeleri salata sosuna dökün ve tuz ve karabiberle tatlandırın.

HİLE

Keklik turşusu bu salatanın harika bir garnitürüdür.

BEYAZ İLE TAVUK ÇARPIŞMASI

İÇERİK

12 adet tavuk budu

200 ml krema

150 ml viski

100 ml tavuk suyu

3 yumurta sarısı

1 adet taze soğan

şöhret

zeytin yağı

Tuz ve biber

DETAY

Tavuk budu baharatlanır, unlanır ve kızartılır. Kaldırın ve rezerve edin.

İnce doğranmış soğanı aynı yağda 5 dakika kadar kavurun. Viski ve flambeyi ekleyin (kapak kapalı olmalıdır). Krema ve su ekleyin. Tavukları tekrar ekleyip 20 dakika kadar pişirin.

Ocaktan alıp yumurta sarılarını ekleyin ve iyice karıştırarak sosu biraz koyulaştırın. Gerekirse tuz ve karabiber ekleyin.

HİLE

Viski en sevdiğimiz alkollü içecekle değiştirilebilir.

KIZARMIŞ ÖRDEK

İÇERİK

1 temiz ördek

1 litre tavuk suyu

4 dl soya sosu

3 kaşık bal

2 diş sarımsak

1 küçük soğan

1 kırmızı biber

taze zencefil

zeytin yağı

Tuz ve biber

DETAY

Bir kapta tavuk suyu, soya, rendelenmiş sarımsak, ince doğranmış biber ve soğan, bal, küçük bir parça rendelenmiş zencefil ve karabiberi karıştırın. Ördeği bu karışımda 1 saat marine edin.

Marineden çıkarın ve turşunun yarısıyla birlikte bir fırın tepsisine yerleştirin. 200°C'de her iki tarafı da 10 dakika kadar pişirilir. Fırçayla sürekli ıslatın.

Fırını 180 °C'ye düşürün ve her iki tarafını da 18 dakika daha pişirin (her 5 dakikada bir fırçayla boyamaya devam edin).

Ördeği çıkarıp ayırın ve orta ateşte bir tavada sosu yarıya kadar azaltın.

HİLE

Kuşları önce göğüs tarafı aşağı bakacak şekilde pişirin, böylece daha az kuru ve sulu olurlar.

TAVUK GÖĞÜS VİLLAROY

İÇERİK

1 kg tavuk göğsü

2 havuç

2 sap kereviz

1 soğan

1 teğmen

1 şalgam

Un, yumurta ve galeta unu (ekmek için)

beşamel için

1 litre süt

100 gram tereyağı

100 gr un

küçük hindistan cevizi

Tuz ve biber

DETAY

Temizlenen tüm sebzeleri 2 litre (soğuk) suda 45 dakika haşlayın.

Bu arada, unu tereyağında orta-düşük ateşte 5 dakika kızartarak beşameli hazırlayın. Daha sonra sütü ekleyip karıştırın. Baharatlayın ve hindistan cevizini ekleyin. Çırpmaya ara vermeden kısık ateşte 10 dakika pişirin.

Çorbayı süzün ve göğüsleri (bütün veya fileto) 15 dakika pişirin. Çıkarın ve soğumaya bırakın. Göğsü beşamel ile iyice kızartın ve buzdolabında saklayın. Soğuyunca önce una, sonra yumurtaya, en son galeta ununa bulayın. Bol yağda kızartıp sıcak olarak servis yapın.

HİLE

Çorba ve püre haline getirilmiş sebzelerden lezzetli bir krema yapabilirsiniz.

LİMON HARDAL SOSLU DİLİMLİ TAVUK

İÇERİK

4 tavuk göğsü

250 ml krema

3 kaşık brendi

3 yemek kaşığı hardal

1 yemek kaşığı un

2 diş sarımsak

1 limon

½ taze soğan

zeytin yağı

Tuz ve biber

DETAY

Göğsü baharatlayın, doğru parçalar halinde kesin, biraz yağlayın ve kızartın. Rezerv.

Aynı yağda soğanı ve ince kıyılmış sarımsağı kavurun. Unu ekleyip 1 dakika pişirin. Buharlaşana kadar brendi ekleyin, krema, 3 yemek kaşığı limon suyu ve kabuğu rendesi, hardal ve tuzu ekleyin. Sosu 5 dakika pişirin.

Tavukları tekrar ekleyip kısık ateşte 5 dakika daha pişirin.

HİLE

Limonu sıkmadan önce rendeleyin. Paradan tasarruf etmek için göğüs yerine tavuk küpleriyle de yapabilirsiniz.

ERİK VE MANTARLI KAVURULMUŞ PİNTADA

İÇERİK

1 grafit

250 gram mantar

200 ml bağlantı noktası

¼ litre tavuk suyu

15 çekirdekleri çıkarılmış kuru erik

1 diş sarımsak

1 çay kaşığı un

zeytin yağı

Tuz ve biber

DETAY

Tuz ve karabiberle tatlandırın ve beç tavuğu ile kuru erikleri 175 °C'de 40 dakika pişirin. Pişirme işleminin yarısında çevirin. Süre dolduğunda suyunu çıkarın ve saklayın.

2 yemek kaşığı yağı ve unu bir tavada 1 dakika kavurun. Şarapla ıslatın ve ikiye bölün. Et suyu ve et suyu ile nemlendirin. Karıştırmayı bırakmadan 5 dakika pişirin.

Mantarları biraz kıyılmış sarımsakla ayrı ayrı kızartın, sosa ekleyin ve kaynatın. Gine tavuğunu sosla birlikte servis edin.

HİLE

Özel günler için kobayların içi elma, kaz ciğeri, kıyma, kuru meyve ile doldurulabilir.

MODENA SİRKEDE KARAMELİZE PIQUILOMİ'Lİ VILLAROY TAVUK GÖĞÜS

İÇERİK

4 tavuk göğsü filetosu

100 gram tereyağı

100 gr un

1 litre süt

1 kutu piquillo biberi

1 bardak Modena sirkesi

½ bardak şeker

küçük hindistan cevizi

Yumurta ve galeta unu (kaplama için)

zeytin yağı

Tuz ve biber

DETAY

Tereyağı ve unu kısık ateşte 10 dakika kavurun. Daha sonra sütü dökün ve sürekli karıştırarak 20 dakika pişirin. Tuzlayın ve hindistan cevizi ekleyin. sakin ol.

Bu arada biberleri sirke ve şekerle sirke koyulaşana kadar (yeni başlıyor) karamelize edin.

Filetoları baharatlayın ve piquillo ile süsleyin. Göğüsleri sert şeker gibi şeffaf folyoya sarın, üzerini örtün ve 15 dakika suda pişirin.

Kızartmanın her tarafını beşamel ile yağlayın ve çırpılmış yumurta ve galeta ununa bulayın. Bol yağda kızartın.

HİLE

Beşamel için unu kavururken bir iki yemek kaşığı köri eklerseniz sonuç farklı ve çok zengin olacaktır.

PASTIRMA, MANTAR VE PEYNİRLİ TAVUK DİLİMİ

İÇERİK

4 tavuk göğsü filetosu

100 gram mantar

4 dilim füme pastırma

2 yemek kaşığı hardal

6 kaşık krema

1 soğan

1 diş sarımsak

dilimlenmiş peynir

zeytin yağı

Tuz ve biber

DETAY

Tavuk filetolarını baharatlayın. Mantarları temizleyip dörde bölün.

Pastırmayı kızartın ve kıyılmış mantarları sarımsakla birlikte yüksek ateşte kızartın.

Filetoları pastırma, peynir ve mantarla doldurun ve şeffaf folyoyla tatlılar gibi mükemmel şekilde kapatın. Kaynar suda 10 dakika kadar pişirin. Filmi ve filetoyu çıkarın.

Diğer tarafta ince doğranmış soğanları kavurun, kremayı ve hardalı ekleyip 2 dakika pişirin ve karıştırın. tavuk üzerine sos

HİLE

Şeffaf folyo yüksek sıcaklıklara dayanıklıdır ve yemeğe lezzet katmaz.

ERİKLİ TATLI TAVUK

İÇERİK

1 büyük tavuk

100 gr çekirdeksiz kuru erik

½ litre tavuk suyu

½ şişe tatlı şarap

1 adet taze soğan

2 havuç

1 diş sarımsak

1 yemek kaşığı un

zeytin yağı

Tuz ve biber

DETAY

Tavuğu ısıtılmış bir tavada yağla baharatlayın ve parçalar halinde kızartın. Çıkarın ve rezerve edin.

Aynı yağda ince doğranmış soğan, sarımsak ve havuçları kızartın. Sebzeler iyice pişince unu ekleyip bir dakika daha pişirin.

Tatlı şarabı ıslatın ve ısı neredeyse tamamen azalıncaya kadar yükselmeye bırakın. Et suyuyla nemlendirin ve tekrar tavuk ve kuru erik ekleyin.

Yaklaşık 15 dakika veya tavuk yumuşayana kadar pişirin. Tavuğu çıkarın ve sosun içine karıştırın. Tuz ekleyelim.

HİLE

Çırpma teli ile koyulaşıp parlayacak olan öğütülmüş sosa biraz soğuk tereyağı ekleyin.

Portakal fıstıklı tavuk göğsü

İÇERİK

4 tavuk göğsü

75 gr kaju fıstığı

2 bardak taze portakal suyu

4 kaşık bal

2 yemek kaşığı Cointreau

şöhret

zeytin yağı

Tuz ve biber

DETAY

Göğsü baharatlayın ve unlayın. Kızartın, çıkarın ve bir kenara koyun.

Portakal suyunu Cointreau ve bal ile 5 dakika kaynatın. Göğüsleri sosa ekleyin ve kısık ateşte 8 dakika pişirin.

Üzerine salsa ve fıstıkla servis yapın.

HİLE

İyi bir portakal sosu yapmanın bir diğer yolu da çok koyu olmayan şekerlerle başlamak ve onlara doğal portakal suyu eklemektir.

kuzukulağı kökü

İÇERİK

4 keklik

300 gram soğan

200 gr havuç

2 bardak beyaz şarap

1 baş sarımsak

1 defne yaprağı

1 bardak sirke

1 su bardağı su, bir ölçü kaşığı sıvı yağ

tuz ve 10 karabiber

DETAY

Keklikleri baharatlayıp yüksek ateşte kavurun. Kaldırın ve rezerve edin.

Aynı yağda dilimlenmiş havuç ve soğanları kızartın. Sebzeler yumuşayınca şarabı, sirkeyi, karabiberi, tuzu, sarımsağı ve defne yaprağını ekleyin. 10 dakika kızartın.

Kekliği geri koyun ve 10 dakika daha kısık ateşte pişirin.

HİLE

Marine edilmiş et veya balıkların daha lezzetli olması için en az 24 saat bekletilmelidir.

AV TAVUK

İÇERİK

1 kıyılmış tavuk

50 gr dilimlenmiş mantar

½ litre tavuk suyu

1 bardak beyaz şarap

4 rendelenmiş domates

2 havuç

2 diş sarımsak

1 teğmen

½ soğan

1 demet kokulu ot (kekik, biberiye, defne...)

zeytin yağı

Tuz ve biber

DETAY

Tavukları baharatlayıp kızgın tavada az yağda kızartın. Çıkarın ve rezerve edin.

Aynı yağda doğranmış havuç, sarımsak, pırasa ve soğanı kızartın. Daha sonra rendelenmiş domatesi ekleyin. Domatesler suyunu çekene kadar kavurun. Tavuğu geri koy.

Mantarları ayrı ayrı kızartın ve tavaya ekleyin. Bir kadeh şarapla banyo yapın ve sakinleşmesine izin verin.

Et suyuyla ıslatın ve aromatik otlar ekleyin. Tavuk yumuşayana kadar pişirin. Tuz ekleyelim.

HİLE

Bu yemek hindi ve hatta tavşanla da hazırlanabilir.

COCA COLA STİL TAVUK KANAT

İÇERİK

1 kg tavuk kanadı

½ litre kola

4 yemek kaşığı esmer şeker

2 yemek kaşığı soya sosu

1 yemek kaşığı kekik

½ limon

Tuz ve biber

DETAY

Coca-Cola, şeker, soya, kekik ve ½ limon suyunu bir tavaya koyun ve 2 dakika pişirin.

Kanatları ikiye bölüp tuzlayın. 160°C'de hafif renk alana kadar pişirin. Bu arada sosun yarısını ekleyin ve kanatları çevirin. Her 20 dakikada bir çevirin.

Sos koyulaşınca diğer yarısını ekleyin ve sos koyulaşana kadar kavurmaya devam edin.

HİLE

Sosun hazırlanışı sırasında bir tutam vanilya eklenmesi lezzeti arttırır ve kendine has bir dokunuş kazandırır.

SARIMSAKLI TAVUK

İÇERİK

1 kıyılmış tavuk

8 diş sarımsak

1 bardak beyaz şarap

1 yemek kaşığı un

1 kırmızı biber

Sirke

zeytin yağı

Tuz ve biber

DETAY

Tavukları baharatlayıp güzelce kızartın. Rezerve edin ve yağın soğumasını bekleyin.

Sarımsakları doğrayın ve sarımsakları ve biberleri kahverengileşmeden kızartın (kızartmayın).

Şarapla ıslatın ve belirli bir kalınlığa kadar koyulaşmasına izin verin, ancak kurutmayın.

Daha sonra yavaş yavaş tavuk etini ve bir kaşık un ekleyin. Karıştırın (sarımsakların tavuğa yapışmasını sağlayın; yapışmazsa biraz daha un ekleyin).

Üzerini kapatıp ara ara karıştırın. 20 dakika kısık ateşte pişirin. Biraz sirke dökün ve bir dakika daha pişirin.

HİLE

Tavuk kızartma önemli. Dışının altın sarısı, içi sulu kalması için çok yüksek sıcaklıkta pişirilmesi gerekiyor.

TAVUK

İÇERİK

1 küçük tavuk, kıyılmış

350 gr doğranmış serrano jambonu

1 kutu 800 gr ezilmiş domates

1 büyük kırmızı biber

1 büyük yeşil biber

1 büyük soğan

2 diş sarımsak

Kekik

1 bardak beyaz veya kırmızı şarap

şeker

zeytin yağı

Tuz ve biber

DETAY

Tavukları baharatlayıp yüksek ateşte kavurun. Çıkarın ve rezerve edin.

Aynı yağda biberi, sarımsağı ve orta boy soğanı kavurun. Sebzeler güzelce kavrulunca jambonu ekleyin ve 10 dakika daha pişirin.

Tavuğu geri koyun ve şarapla yıkayın. Yüksek ateşte 5 dakika kaynatıp domates ve kekiği ekleyin. Isıyı azaltın ve 30 dakika daha pişirin. Tuzunu ve şekerini ayarlayın.

HİLE

Aynı tarifi köfte yapımında da kullanabilirsiniz. Tabakta hiçbir şey kalmayacak!

Bıldırcın ve KIRMIZI MEYVELER

İÇERİK

4 bıldırcın

150 gr kırmızı meyve

1 bardak sirke

2 bardak beyaz şarap

1 havuç

1 teğmen

1 diş sarımsak

1 defne yaprağı

şöhret

1 su bardağı su, bir ölçü kaşığı sıvı yağ

Tuz ve biber

DETAY

Bıldırcınlar unlanıp baharatlanır ve tavada kızartılır. Çıkarın ve rezerve edin.

Aynı yağda doğranmış havuç ve pırasayı ve doğranmış sarımsakları kızartın. Sebzeler yumuşayınca yağı, sirkeyi ve şarabı ekleyin.

Defne yaprağını ve biberi ekleyin. Tuz ekleyin ve kırmızı meyvelerle birlikte 10 dakika pişirin.

Bıldırcınları ekleyin ve yumuşayana kadar 10 dakika daha pişirin. Sıcaktan uzak durun.

HİLE

Bıldırcın etiyle birlikte bu turşu mükemmel bir sos yapar ve güzel bir salatanın yanına çok yakışır.

LİMONLU TAVUK

İÇERİK

1 tavuk

30 gr şeker

25 gram tereyağı

1 litre tavuk suyu

1 dl beyaz şarap

3 limonun suyu

1 soğan

1 teğmen

zeytin yağı

Tuz ve biber

DETAY

Tavuğu doğrayın ve baharatlayın. Yüksek ateşte kızartıp çıkarın.

Soğanı soyun, pırasayı temizleyin ve jülyen şeritler halinde kesin. Tavuğun kızartıldığı yağda sebzeleri kızartın. Şaraba daldırın ve buharlaşmasına izin verin.

Limon suyu, şeker ve suyu ekleyin. 5 dakika pişirin ve tavuğu geri koyun. 30 dakika daha kısık ateşte pişirin. Tuz ve karabiberle tatlandırın.

HİLE

Sosun daha ince olması ve sebze parçası kalmaması için ezmek en iyisidir.

HAM SERRANO, CASAR KEK VE TAVUK ROKET SAN JACOBO

İÇERİK

8 adet ince tavuk fileto

150 gr Casar keki

100 gr roka

4 dilim serrano jambonu

Un, yumurta ve pullar (üstü için)

zeytin yağı

Tuz ve biber

DETAY

Tavuk filetolarını baharatlayın ve üzerine peynir serpin. Birinin üzerine roka ve serrano jambonunu, diğerini ise üzerini kapatacak şekilde yerleştirin. Aynısını diğerleriyle de yapın.

Un, çırpılmış yumurta ve doğranmış pullarla yuvarlıyoruz. Bol kızgın yağda 3 dakika kızartın.

HİLE

Üzerine ezilmiş patlamış mısır, patlamış mısır ve hatta solucanlar eklenebilir. Sonuç çok komik.

PIŞMIŞ TAVUK KÖRI

İÇERİK

4 adet tavuk but (kişi başı)

1 litre krema

1 adet taze soğan veya soğan

2 yemek kaşığı köri

4 doğal yoğurt

tuz

DETAY

Soğanı küçük parçalar halinde doğrayıp bir kapta yoğurt, krema ve köri ile karıştırın. Tuz mevsimi.

Tavuk ince ince dilimlenip yoğurt sosunda 24 saat marine edilir.

180°C'de 90 dakika pişirin, tavuğu çıkarın ve çırpılmış sosla servis yapın.

HİLE

Sosunuz kaldıysa lezzetli köfte yapmak için kullanabilirsiniz.

KIRMIZI ŞARAPTA TAVUK

İÇERİK

1 kıyılmış tavuk

½ litre kırmızı şarap

1 dal biberiye

1 dal kekik

2 diş sarımsak

2 pırasa

1 kırmızı biber

1 havuç

1 soğan

Tavuk çorbası

şöhret

zeytin yağı

Tuz ve biber

DETAY

Tavukları baharatlayıp çok sıcak bir tavada kızartın. Çıkarın ve rezerve edin.

Sebzeleri küçük parçalar halinde kesin ve tavuğu kızarttığımız yağda kızartın.

Şarabı dökün, baharatları ekleyin ve yüksek ateşte suyu çekene kadar yaklaşık 10 dakika pişirin. Tavuğu ekleyin ve üzerini kaplayacak kadar et suyuna batırın. 20 dakika daha veya etler yumuşayana kadar pişirin.

HİLE

Parçacıksız daha ince bir sos istiyorsanız sosu karıştırıp süzün.

SİYAH BİRA İLE KAVURULMUŞ TAVUK

İÇERİK

4 tavuk budu

750 ml koyu bira

1 yemek kaşığı kimyon

1 dal kekik

1 dal biberiye

2 soğan

3 diş sarımsak

1 havuç

Tuz ve biber

DETAY

Jülyen soğan, havuç ve sarımsak. Pişirme kabının altına kekik ve biberiyeyi, üstüne soğan, havuç ve sarımsağı koyun; daha sonra tavuk butlarını derisi aşağı bakacak şekilde bir tutam kimyonla baharatlayın. 175°C'de yaklaşık 45 dakika pişirin.

30 dakika sonra onları biraya batırın, ters çevirin ve 45 dakika daha pişirin. Tavuklar pişince tepsiden alıp sosun içine karıştırın.

HİLE

Kızartmanın ortasına 2 elma dilimi ekleyip kalan sosla ezerseniz tadı daha da güzelleşiyor.

çikolatalı keklik

İÇERİK

4 keklik

½ litre tavuk suyu

½ bardak kırmızı şarap

1 dal biberiye

1 dal kekik

1 adet taze soğan

1 havuç

1 diş sarımsak

1 rendelenmiş domates

Çikolata

zeytin yağı

Tuz ve biber

DETAY

Keklikleri baharatlayıp kızartın. Rezerv.

Havucu, sarımsağı ve ince doğranmış taze soğanı aynı yağda orta ateşte kavurun. Isıyı arttırın ve domatesleri ekleyin. Suyu kaybolana kadar pişirin. Şaraba daldırın ve neredeyse tamamen buharlaşmasına izin verin.

Et suyuyla ıslatın ve otlar ekleyin. Keklikler yumuşayana kadar kısık ateşte pişirin. Tuz ekleyelim. Ateşten alın ve tadına göre çikolata ekleyin. Kendinizi toparlayın.

HİLE

Yemeğin daha baharatlı olması için acı biber, çıtır olmasını istiyorsanız kavrulmuş fındık veya badem ekleyebilirsiniz.

Türkiye KIRMIZI MEYVE İLE FIRINLANMIŞ

İÇERİK

4 hindi budu

250 gr kırmızı meyve

½ litre köpüklü şarap

1 dal kekik

1 dal biberiye

3 diş sarımsak

2 pırasa

1 havuç

zeytin yağı

Tuz ve biber

DETAY

Pırasa, havuç ve sarımsakları temizleyip jülyen fırında kavurun. Bu sebzeleri kekik, biberiye ve kırmızı meyvelerle birlikte bir fırın tepsisine yerleştirin.

Hindi parçalarını derileri alta gelecek şekilde yağa bulanmış şekilde dizin. 175°C'de 1 saat pişirin.

30 dakika sonra cava ile banyo yapın. Eti ters çevirin ve 45 dakika daha kızartın. Süre dolduğunda tepsiden çıkarın. Sosu karıştırın, süzün ve tuz ekleyin.

HİLE

Hindi, bacak ve uyluk kolayca çıktığında hazırdır.

ŞEFTALİ SOSLU KAVURMA TAVUK

İÇERİK

4 tavuk budu

½ litre beyaz şarap

1 dal kekik

1 dal biberiye

3 diş sarımsak

2 şeftali

2 soğan

1 havuç

zeytin yağı

Tuz ve biber

DETAY

Jülyen soğan, havuç ve sarımsak. Şeftalileri soyun, ikiye bölün ve çekirdeğini çıkarın.

Kekik ve biberiyeyi havuç, soğan ve sarımsakla birlikte pişirme kabının tabanına yerleştirin. Son çeyreği deri tarafı aşağı bakacak şekilde kapatın, üzerine bir damla yağ dökün ve 175°C'de yaklaşık 45 dakika pişirin.

30 dakika sonra üzerini beyaz şarapla örtün, çevirin ve 45 dakika daha kızartın. Tavuklar pişince tepsiden alıp sosun içine karıştırın.

HİLE

Kızartmaya elma veya armut eklenebilir. Sosun tadı harika olacak.

Ispanaklı ve mozarellalı tavuk fileto

İÇERİK

8 adet ince tavuk fileto

200 gr taze ıspanak

150 gram mozarella

8 fesleğen yaprağı

1 çay kaşığı öğütülmüş kimyon

Un, yumurta ve galeta unu (ekmek için)

zeytin yağı

Tuz ve biber

DETAY

Göğsün her iki tarafını da baharatlayın. Üzerine ıspanak, rendelenmiş peynir ve doğranmış fesleğen serpip ikinci filetoyu kapatın. Unu, çırpılmış yumurtayı, galeta ununu ve kimyon karışımını eleyin.

Her iki tarafını da birkaç dakika kızartın ve fazla yağı emici kağıt üzerine alın.

HİLE

İyi bir garnitür, iyi bir domates sosudur. Bu yemeği hindi ve hatta taze fileto ile hazırlayabilirsiniz.

JAVA İLE KIZARTMA TAVUK

İÇERİK

4 tavuk budu

1 şişe köpüklü şarap

1 dal kekik

1 dal biberiye

3 diş sarımsak

2 soğan

zeytin yağı

Tuz ve biber

DETAY

Soğanı ve sarımsağı jülyen şeritler halinde doğrayın. Kekiği ve biberiyeyi kızartma tavasının dibine yerleştirin ve soğanı, sarımsağı ve ardından terbiyeli butları deri tarafı aşağı gelecek şekilde yerleştirin. 175°C'de yaklaşık 45 dakika pişirin.

30 dakika sonra kava ile yıkayın, ters çevirin ve 45 dakika daha pişirin. Tavuklar pişince tepsiden alıp sosun içine karıştırın.

HİLE

Aynı tarifin başka bir versiyonu da Lambrusco veya tatlı şarapla yapmaktır.

Fıstık soslu tavuk şiş

İÇERİK

600 gr tavuk göğsü

150 gr fıstık

500 ml tavuk suyu

200 ml krema

3 yemek kaşığı soya sosu

3 kaşık bal

1 yemek kaşığı köri

1 ince kıyılmış acı biber

1 yemek kaşığı limon suyu

zeytin yağı

Tuz ve biber

DETAY

Fıstıkları macun haline gelinceye kadar çok ince doğrayın. Bir kasede limon suyu, et suyu, soya, bal, köri, tuz ve karabiberi karıştırın. Göğsü parçalara ayırın ve gece boyunca bu karışımda marine edin.

Tavukları çıkarıp şişlere geçirin. Önceki karışımı kremayla birlikte kısık ateşte 10 dakika pişirin.

Şişleri bir tavada orta ateşte kızartın ve sosla birlikte servis yapın.

HİLE

Tavuk butlarıyla yapabilirsiniz. Ancak tavada kızartmak yerine fırında sosla kızartın.

BİBER TAVUK

İÇERİK

1 ½ kg tavuk

250 gram soğan

50 gr kavrulmuş badem

25 gr kızarmış ekmek

½ litre tavuk suyu

¼ litre iyi şarap

2 diş sarımsak

2 adet defne yaprağı

2 haşlanmış yumurta

1 yemek kaşığı un

14 tutam safran

150 gr zeytinyağı

Tuz ve biber

DETAY

Küp küp doğranmış tavuk etini baharatlayıp baharatlayın. Kahverengi ve rezerv.

Soğanı ve sarımsağı küçük parçalar halinde doğrayıp tavukla aynı yağda kızartın. Unu ekleyip kısık ateşte 5 dakika kavurun. Şaraba daldırın ve buharlaşmasına izin verin.

Tuzlu et suyuyla örtün ve 15 dakika daha pişirin. Daha sonra defne yaprağıyla birlikte ayırdığınız tavukları ekleyip tavuklar yumuşayana kadar pişirin.

Safranı ayrı ayrı kavurup, kızartılmış galeta unu, badem ve yumurta sarısıyla birlikte harca ekleyin. Bir macun haline getirin ve tavuk güvecine ekleyin. 5 dakika daha pişirin.

HİLE

Bu tarife iyi bir pirinç pilavından daha iyi bir eşlikçi olamaz. Üzerine doğranmış yumurta akı ve ince kıyılmış maydanoz eklenerek servis edilebilir.

PORTAKALLI TAVUK

İÇERİK

1 tavuk

25 gram tereyağı

1 litre tavuk suyu

1 dl roze şarap

2 kaşık bal

1 dal kekik

2 havuç

2 portakal

2 pırasa

zeytin yağı

Tuz ve biber

DETAY

Kıyılmış tavuğu baharatlayın ve zeytinyağında yüksek ateşte kızartın. Kaldırın ve rezerve edin.

Havuçları ve pırasayı soyup temizleyin ve jülyen şeritler halinde kesin. Tavuğu kızartıldığı aynı yağda pişirin. Şaraba batırın ve yüksek ateşte rengi azalana kadar pişirin.

Portakal suyu, bal ve su ekleyin. 5 dakika pişirin ve tavuk parçalarını tekrar ekleyin. 30 dakika kısık ateşte kaynatın. Soğuk tereyağını ekleyip tuz ve karabiberle tatlandırın.

HİLE

Bir avuç kuruyemişi dışarıda bırakıp pişirdikten sonra güvece ekleyebilirsiniz.

ÇÖZÜM TAVUK GARANTİSİ

İÇERİK

1 tavuk

200 gr serrano jambonu

200 gr çörek

50 gram tereyağı

600 ml tavuk suyu

1 bardak beyaz şarap

1 dal kekik

1 diş sarımsak

1 havuç

1 soğan

1 domates

zeytin yağı

Tuz ve biber

DETAY

Tavuğu doğrayın, baharatlayın ve tereyağında ve çiseleyen yağda kızartın. Kaldırın ve rezerve edin.

Aynı yağda doğranmış soğanı, havucu ve sarımsağı jambon küpleriyle birlikte kızartın. Isıyı artırın ve dilimlenmiş çöreği ekleyin. 2 dakika pişirin, rendelenmiş domatesi ekleyin ve suyunu tamamen çekene kadar pişirin.

Tavuk parçalarını tekrar ekleyip şarapla yıkayın. Sos neredeyse kuruyana kadar azaltın. Et suyuyla ıslatın ve kekik ekleyin. Kısık ateşte 25 dakika veya tavuklar yumuşayıncaya kadar pişirin. Tuz ekleyelim.

HİLE

Mevsimlik veya kurutulmuş mantarları kullanın.

Fıstık ve soya ile fırında tavuk

İÇERİK

3 tavuk göğsü

70 gr kuru üzüm

30 gr badem

30 gr kaju fıstığı

30 gr ceviz

30 gr fındık

1 su bardağı tavuk suyu

3 yemek kaşığı soya sosu

2 diş sarımsak

1 kırmızı biber

1 limon

Zencefil

zeytin yağı

Tuz ve biber

DETAY

Göğsü doğrayın, tuz ve karabiberle tatlandırın ve yüksek ateşte tavada kızartın. Kaldırın ve rezerve edin.

Bu yağda cevizleri rendelenmiş sarımsak, bir parça rendelenmiş zencefil, kırmızı biber ve limon kabuğuyla kızartın.

Kuru üzüm, ayrılmış tavuk göğsü ve soya ekleyin. 1 dakika azaltın ve et suyuyla durulayın. Orta ateşte 6 dakika daha pişirin ve gerekirse tuz ekleyin.

HİLE

Tuz neredeyse tamamen soya fasulyesinden elde edildiği için neredeyse gereksizdir.

KIZARMIŞ BADEMLİ ÇİKOLATA TAVUK

İÇERİK

1 tavuk

60 gr rendelenmiş bitter çikolata

1 bardak kırmızı şarap

1 dal kekik

1 dal biberiye

1 defne yaprağı

2 havuç

2 diş sarımsak

1 soğan

Tavuk suyu (veya su)

kavrulmuş badem

sızma zeytinyağı

Tuz ve biber

DETAY

Tavuk etini doğrayıp baharatlayın ve tavada kızartın. Kaldırın ve rezerve edin.

İnce doğranmış soğanı, havucu ve sarımsağı aynı yağda kısık ateşte kızartın.

Defne yaprağını, kekiği ve biberiye dallarını ekleyin. Şarap ve suyu ekleyip kısık ateşte 40 dakika pişirin. Tuzla tatlandırın ve tavuğu çıkarın.

Sosu blendera koyun ve tekrar tencereye alın. Tavukları ve çikolatayı ekleyip çikolata eriyene kadar karıştırın. Lezzetlerin demlenmesi için 5 dakika daha pişirin.

HİLE

Üzerine kavrulmuş bademleri ekleyerek servisinizi tamamlayın. Acı biber veya kırmızı biberin eklenmesi müstehcenlik katar.

BİBER VE BALIK HARDALLI KUZU EKMEK

İÇERİK

350 gr kuzu

2 yemek kaşığı sirke

1 yemek kaşığı kırmızı biber

1 yemek kaşığı hardal

1 seviye kaşık şeker

1 tepsi kiraz domates

1 yeşil biber

1 kırmızı biber

1 küçük taze soğan

1 soğan

5 yemek kaşığı zeytinyağı

Tuz ve biber

DETAY

Taze soğan dışındaki sebzeleri temizleyip orta büyüklükte kareler halinde kesin. Kuzu aynı büyüklükte küpler halinde kesin. Şişler, bir parça et ve bir parça sebze değiştirilerek birleştirilir. Mevsim. Çok kızgın bir tavada az yağla her iki tarafını da 1-2 dakika kızartın.

Ayrı bir kapta hardal, pul biber, şeker, yağ, sirke ve ince doğranmış soğanı karıştırın. Tuzla tatlandırın ve emülsifiye edin.

Taze hazırlanmış şişleri biraz kırmızı biber sosuyla servis edin.

HİLE

Ayrıca salata sosuna 1 yemek kaşığı köri tozu ve biraz limon kabuğu rendesi de ekleyebilirsiniz.

LİMAN ET DOLGUSU

İÇERİK

1 kg dana yüzgeç (kitaptan dolmaya kadar açık)

350 gr kıyma domuz eti

1 kg havuç

1 kg soğan

100 gr çam fıstığı

1 küçük kutu piquillo biberi

1 kutu siyah zeytin

1 paket pastırma

1 baş sarımsak

2 adet defne yaprağı

bir kapıcı

Et suyu

zeytin yağı

Tuz ve biber

DETAY

Yüzgecin her iki tarafını da baharatlayın. Üzerine domuz eti, çam fıstığı, doğranmış kırmızı biber, dörde bölünmüş zeytin ve pastırma dilimleri serpin. Rulo yapın ve bir ağa koyun veya bir iplikle bağlayın. Çok yüksek ateşte kızartın, çıkarın ve saklayın.

Havucu, soğanı ve sarımsağı şeritler halinde doğrayın ve dana etinin kızartıldığı yağda kızartın. Kanatçıkları yeniden takın. Her şey kaplanana kadar biraz et suyu ve et suyuyla yıkayın. 8 tane karabiber ve bir defne yaprağını ekleyin. Kapağı kapalı olarak kısık ateşte 40 dakika pişirin. Her 10 dakikada bir çevirin. Et yumuşayınca sosu çıkarıp karıştırın.

HİLE

Liman yerine başka bir şarap veya şampanya kullanabilirsiniz.

MADRİD KÖFTESİ

İÇERİK

1 kg kıyma

500 gr kıyılmış domuz eti

500 gr olgun domates

150 gram soğan

100 gram mantar

1 litre et suyu (veya su)

2 dcl beyaz şarap

2 yemek kaşığı taze maydanoz

2 yemek kaşığı galeta unu

1 yemek kaşığı un

3 diş sarımsak

2 havuç

1 defne yaprağı

1 yumurta

şeker

zeytin yağı

Tuz ve biber

DETAY

İki etin üzerine kıyılmış maydanoz, 2 diş kıyılmış sarımsak, galeta unu, yumurta, tuz ve karabiber serpin. Toplar oluşturup tavada kızartın. Çıkarın ve rezerve edin.

Aynı yağda soğanı kalan sarımsakla birlikte kavurun, unu ekleyip kavurun. Domatesleri ekleyin ve 5 dakika daha kaynamaya bırakın. Şarapla örtün ve 10 dakika daha pişirin. Çorbayı dökün ve 5 dakika daha pişirin. Tuz ve şekeri öğütüp düzeltin. Köfteleri defne yaprağı sosunda 10 dakika pişirin.

Havuç ve mantarlar ayrı ayrı temizlenir, soyulur ve doğranır. Az yağda 2 dakika kavurup köftelere ekleyin.

HİLE

Köfte karışımını daha lezzetli hale getirmek için 150 g doğranmış taze İber pastırması ekleyin. Topları hazırlarken daha sulu hale getirmek için çok fazla bastırmamak daha iyidir.

Dana çikolatalı yanak

İÇERİK

8 dana yanağı

½ litre kırmızı şarap

6 ons çikolata

2 diş sarımsak

2 domates

2 pırasa

1 sap kereviz

1 havuç

1 soğan

1 dal biberiye

1 dal kekik

şöhret

Çorba (veya su)

zeytin yağı

Tuz ve biber

DETAY

Yanakları baharatlayıp çok sıcak bir tavada kızartın. Çıkarın ve rezerve edin.

Sebzeleri ince ince doğrayıp elmacık kemiklerini kızarttığımız tavada soteleyin.

Sebzeler yumuşayınca rendelenmiş çeri domatesleri ekleyip suyu çekene kadar pişirin. Şarap, aromatik otlar ekleyin ve 5 dakika bekletin. Yanakları ve et suyunu kaplayana kadar ekleyin.

Yanaklar yumuşayana kadar pişirin, tadına göre çikolata ekleyin, karıştırın ve tuz ve karabiberle tatlandırın.

HİLE

Sos püre haline getirilebilir veya bütün yeşilliklerle birlikte bırakılabilir.

TATLI ŞARAP SOSLU Aspire Edilmiş Domuz Eti Turtası

İÇERİK

½ domuz eti

1 bardak tatlı şarap

2 dal biberiye

2 dal kekik

4 diş sarımsak

1 küçük havuç

1 küçük soğan

1 domates

Hafif zeytin yağı

deniz tuzu

DETAY

Göğüsleri bir tepsiye dizip her iki tarafına da tuz serpin. Ezilmiş sarımsak ve otlar ekleyin. Üzerini yağla kaplayın ve 100 °C'de 5 saat pişirin. Daha sonra soğumasını bekleyin ve kemiği çıkarın, posayı ve cildi çıkarın.

Parşömen kağıdını bir fırın tepsisine yerleştirin. Memeyi bölün ve üzerine meme derisini yerleştirin (en az 2 parmak yüksekliğinde olmalıdır). Başka bir parşömen kağıdı yerleştirin, üzerine ağırlık koyun ve buzdolabında saklayın.

Bu arada kalın çorbayı hazırlayın. Kemikleri ve sebzeleri orta parçalar halinde kesin. Kemikleri 185°C'de 35 dakika kavurun, yan sebzeleri ekleyip 25 dakika daha kavurun. Fırından çıkarın ve şaraba batırın. Her şeyi bir tencereye koyun ve üzerini soğuk suyla örtün. Çok kısık ateşte 2 saat pişirin. Süzün ve hafifçe kalınlaşana kadar tekrar ateşe verin. Yağ giderici.

Turtayı porsiyonlara bölün ve derisi gevrekleşinceye kadar sıcak bir tavada kızartın. 180°C'de 3 dakika pişirin.

HİLE

Ağır bir yemeğe göre daha zahmetlidir ama sonuç harikadır. Zamanla bozulmasını önlemenin tek püf noktası, sosu etin üstüne değil, tek tarafına servis etmektir.

TAVŞAN PARÇASI İLE

İÇERİK

1 yer tavşanı

80 gr badem

1 litre tavuk suyu

400 ml posası

200 ml krema

1 dal biberiye

1 dal kekik

2 soğan

2 diş sarımsak

1 havuç

10 safran ipliği

Tuz ve biber

DETAY

Tavşanı doğrayın, baharatlayın ve kızartın. Kaldırın ve rezerve edin.

Aynı yağda ince doğranmış havuç, soğan ve sarımsağı kızartın. Safran ve bademleri ekleyip 1 dakika pişirin.

Isıyı artırın ve prina banyosu yapın. Tavşanı tekrar ateşe verin ve et suyuyla yağlayın. Kekik ve biberiye dallarını ekleyin.

Tavşan yumuşayana kadar yaklaşık 30 dakika pişirin ve kremayı ekleyin. 5 dakika daha pişirip tuzunu ayarlayın.

HİLE

Flambear ruhun alkolünü yakar. Bu işlem sırasında kapağın kapalı olduğundan emin olun.

Fıstık soslu PEPITORIA köfte

İÇERİK

750 gr kıyma

750 gr kıyılmış domuz eti

250 gram soğan

60 gr fındık

25 gr kızarmış ekmek

½ litre tavuk suyu

¼ litre beyaz şarap

10 safran ipliği

2 yemek kaşığı taze maydanoz

2 yemek kaşığı galeta unu

4 diş sarımsak

2 haşlanmış yumurta

1 taze yumurta

2 adet defne yaprağı

150 gr zeytinyağı

Tuz ve biber

DETAY

Bir kapta eti, kıyılmış maydanozu, kıyılmış sarımsağı, galeta unu, yumurtayı, tuzu ve karabiberi karıştırın. Unu ekleyin ve orta ateşte bir tavada kavurun. Kaldırın ve rezerve edin.

Aynı yağda soğanı ve diğer 2 diş sarımsağı da kavurun. Şaraba daldırın ve buharlaşmasına izin verin. Çorbayı dökün ve 15 dakika pişirin. Köfteleri defne yapraklı sosa ekleyip 15 dakika daha pişirin.

Safranı ayrı ayrı kızartın ve kızarmış galeta unu, ceviz ve yumurta sarısıyla birlikte havanda döverek pürüzsüz bir macun elde edin. Tavaya ekleyip 5 dakika daha pişirin.

HİLE

Üzerine doğranmış yumurta akı ve biraz maydanoz serperek servis yapın.

SİYAH BİRA İLE DANA TARAK

İÇERİK

4 dana fileto

125 gr şitake mantarı

1/3 litre koyu bira

1 dl çorba

1 dl krema

1 havuç

1 adet taze soğan

1 domates

1 dal kekik

1 dal biberiye

şöhret

zeytin yağı

Tuz ve biber

DETAY

Filetoları baharatlayın ve unlayın. Bir tavada az yağ ile hafifçe kızartın. Çıkarın ve rezerve edin.

Aynı yağda doğranmış soğanı ve havucu kızartın. Piştikten sonra rendelenmiş kiraz domatesleri ekleyin ve sos neredeyse kuruyana kadar pişirin.

Birayla örtün, alkolün buharlaşması için 5 dakika orta ateşte bırakın ve çorbayı, otları ve filetoyu ekleyin. 15 dakika veya yumuşayana kadar pişirin.

Mantar filetolarını yüksek ateşte ayrı ayrı kızartın ve güvece ekleyin. Tuz ekleyelim.

HİLE

Filetolar fazla pişirilmemelidir, aksi halde çok sert olurlar.

MADRİD çevresinde turlar

İÇERİK

1 kg temiz işkembe

2 domuz paçası

25 gr un

1 dl sirke

2 yemek kaşığı biber

2 adet defne yaprağı

2 adet soğan (1 tanesi sivri uçlu)

1 baş sarımsak

1 biberli

2 dl zeytinyağı

20 gram tuz

DETAY

İşkembe ve domuz paçalarını soğuk su dolu bir tencerede pişirin. Kaynamaya başladıktan sonra 5 dakika kadar pişirin.

Boşaltın ve temiz suyla yeniden doldurun. Dilimlenmiş soğanı, kırmızı biberi, diş sarımsağı ve defne yaprağını ekleyin. Gerekirse üzerini örtecek kadar biraz su ekleyin ve kısık ateşte 4 saat veya saplar ve işkembe yumuşayana kadar pişirin.

İşkembe hazır olunca doğranmış soğanı, defne yaprağını ve pul biberi çıkarın. Ayrıca butları çıkarıyoruz, kemiklerini çıkarıyoruz ve işkembe büyüklüğünde parçalara ayırıyoruz. Tekrar tencereye koyun.

İkinci kahverengi doğranmış soğanı ayrı ayrı kızartın, kırmızı biber ve 1 yemek kaşığı un ekleyin. Kaynattıktan sonra çorbaya ekleyin. 5 dakika pişirin, tuz ekleyin ve gerekirse kalınlık ekleyin.

HİLE

Bu tarif bir iki gün önceden yapılırsa lezzet kazanır. Haşlanmış nohutları da ekleyip harika bir sebze yemeği elde edebilirsiniz.

ELMA VE NANE İLE KIZARTILMIŞ DOMUZ

İÇERİK

800 gr taze domuz filetosu

500 gr elma

60 gr şeker

1 bardak beyaz şarap

1 bardak brendi

10 nane yaprağı

1 defne yaprağı

1 büyük soğan

1 havuç

zeytin yağı

Tuz ve biber

DETAY

Köfteleri baharatlayıp yüksek ateşte kızartın. Kaldırın ve rezerve edin.

Temizlenmiş ve ince doğranmış soğan ve havuçları bu yağda kızartın. Elmaları soyun ve çekirdeklerini çıkarın.

Her şeyi bir fırın kabına koyun, alkolle durulayın ve defne yaprağını ekleyin. 185°C'de 90 dakika pişirin.

Elmaları ve kerevizleri çıkarın ve şeker ve nane ile ezin. Pişirme suyunu zarebrnica ve sosun üzerine dökün ve elma kompostosu ile servis yapın.

HİLE

Pişirme sırasında bezin kurumaması için tavaya biraz su ekleyin.

Ahududu soslu tavuk köfte

İÇERİK

köfte için

1 kg kuşbaşı doğranmış tavuk eti

1 dl süt

2 yemek kaşığı galeta unu

2 yumurta

1 diş sarımsak

şeri şarabı

şöhret

kıyılmış maydanoz

zeytin yağı

Tuz ve biber

Ahududu sosu için

200 gr ahududu reçeli

½ litre tavuk suyu

1 ½ dl beyaz şarap

½ dl soya sosu

1 domates

2 havuç

1 diş sarımsak

1 soğan

tuz

DETAY

köfte için

Eti kırıntı, süt, yumurta, ince kıyılmış sarımsak, maydanoz ve biraz şarapla karıştırın. Tuz ve karabiberle tatlandırıp 15 dakika dinlendirin.

Karışımı top haline getirin ve un içinde yuvarlayın. İçlerinin biraz çiğ olmasına dikkat ederek yağda kızartın. Yağı rezerve edin.

Tatlı ve ekşi ahududu sosu için

Soğanı, sarımsağı ve havuçları soyup küp şeklinde doğrayın. Köfteleri aynı yağda altın rengi olana kadar kızartın. Bir tutam tuzla tatlandırın. Küp doğranmış pelat veya çekirdeksiz domatesi ekleyip suyu çekene kadar pişirin.

Şaraba batırın ve yarı yarıya azalıncaya kadar pişirin. Soya sosunu ve et suyunu ekleyip sos koyulaşana kadar 20 dakika daha pişirin. Reçel ve köfteleri ekleyip 10 dakika daha pişirin.

HİLE

Ahududu reçeli herhangi bir kırmızı meyveler ve hatta reçel ile değiştirilebilir.

KUZU GÜVEÇ

İÇERİK

1 kuzu budu

1 büyük bardak kırmızı şarap

½ su bardağı ezilmiş domates (veya 2 adet rendelenmiş domates)

1 yemek kaşığı tatlı kırmızı biber

2 büyük patates

1 yeşil biber

1 kırmızı biber

1 soğan

Çorba (veya su)

zeytin yağı

Tuz ve biber

DETAY

Bacağını doğrayın, baharatlayın ve çoklu tencerede kızartın. Çıkarın ve rezerve edin.

Aynı yağda yemeklik doğranmış soğanı ve biberi kavurun. Sebzeler iyice kavrulunca birer kaşık biber ve domatesi ekleyin. Domatesler suyunu çekene kadar yüksek ateşte pişirmeye devam edin. Daha sonra kuzu eti tekrar ekleyin.

Şaraba daldırın ve buharlaşmasına izin verin. Çorbanın üzerine dökün.

Kuzu yumuşayınca çedarını (kırpılmamış) ekleyin ve patatesler pişene kadar pişirin. Tuz ve karabiberle tatlandırın.

HİLE

Daha da lezzetli bir sos için 4 piquillo biberini ve 1 diş sarımsağı ayrı ayrı kızartın. Biraz karides suyuyla karıştırıp güvece ekleyin.

TAVŞAN YOSUNU

İÇERİK

1 tavşan

250 gram mantar

250 gr havuç

250 gram soğan

100 gram pastırma

¼ litre kırmızı şarap

3 yemek kaşığı domates sosu

2 diş sarımsak

2 dal kekik

2 adet defne yaprağı

Çorba (veya su)

zeytin yağı

Tuz ve biber

DETAY

Tavşanı dilimleyin ve küçük parçalar halinde havuç, doğranmış sarımsak ve soğan, şarap, 1 dal kekik ve 1 defne yaprağı halinde yumuşaması için 24 saat bekletin. Geçen sürenin sonunda süzün ve bir tarafta şarabı, diğer tarafta sebzeleri bir kenara koyun.

Tavşanı baharatlayın, yüksek ateşte kızartın ve çıkarın. Sebzeleri aynı yağda orta-düşük ateşte pişirin. Domates sosunu ekleyip 3 dakika kavurun. Tavşanı geri koy. Et kaplanana kadar şarabı ve suyu dökün. Bir dal kekik ve bir defne yaprağı daha ekleyin. Tavşan yumuşayana kadar pişirin.

Bu arada doğranmış pastırmayı ve dörde bölünmüş mantarları kızartın ve güvece ekleyin. Ayrı olarak tavşanın karaciğerini havanda dövün ve bunu ekleyin. 10 dakika daha pişirin ve tuz ve karabiberle tatlandırın.

HİLE

Bu yemek herhangi bir oyunla hazırlanabilir ve en iyi şekilde bir gün önce hazırlanır.

PIPERRADO'LU TAVŞAN

İÇERİK

1 tavşan

2 büyük domates

2 soğan

1 yeşil biber

1 diş sarımsak

şeker

zeytin yağı

Tuz ve biber

DETAY

Tavşanı doğrayın, baharatlayın ve bir tavada kızartın. Kaldırın ve rezerve edin.

Soğanı, biberi ve sarımsağı ince ince doğrayıp tavşanın kavrulduğu yağda 15 dakika kısık ateşte kavurun.

Küp küp doğradığınız brunoise domatesleri ekleyip orta ateşte suyunu tamamen çekene kadar pişirin. Tuz ve şekeri gerektiği gibi ayarlayın.

Tavşanı ekleyin, ısıyı azaltın ve ara sıra karıştırarak kapağın altında 15 ila 20 dakika pişirin.

HİLE

Piperradi'ye kabak veya patlıcan eklenebilir.

KÖR SOSLU PEYNİRLİ TAVUK KÖFTE

İÇERİK

500 gr öğütülmüş tavuk

150 gr peynir parçalar halinde

100 gr ekmek kırıntısı

200 ml krema

1 su bardağı tavuk suyu

2 yemek kaşığı köri

½ yemek kaşığı galeta unu

30 kuru üzüm

1 yeşil biber

1 havuç

1 soğan

1 yumurta

1 limon

Süt

şöhret

zeytin yağı

tuz

DETAY

Tavuğu baharatlayın ve galeta unu, yumurta, 1 yemek kaşığı köri ve süte batırılmış galeta unu ile karıştırın. Toplar oluşturun, içlerini bir küp peynir ve unla doldurun. Kızartın ve bir kenara koyun.

Doğranmış soğanı, biberi ve havucu aynı yağda kızartın. Limon kabuğunu ekleyip birkaç dakika pişirin. Başka bir çorba kaşığı köri, kuru üzüm ve tavuk suyu ekleyin. Kaynamaya başlayınca kremayı ekleyip 20 dakika pişirin. Tuz ekleyelim.

HİLE

Bu köftelerin ideal eşlikçisi, dörde bölünmüş ve küçük parçalar halinde kesilmiş, birkaç diş sarımsakla kızartılmış ve iyi bir porto şarabı veya Pedro Ximénez şarabı ile yıkanmış mantarlardır.

KIRMIZI ŞARAPTA DOMUZ YANAĞI

İÇERİK

12 domuz yanağı

½ litre kırmızı şarap

2 diş sarımsak

2 pırasa

1 kırmızı biber

1 havuç

1 soğan

şöhret

Çorba (veya su)

zeytin yağı

Tuz ve biber

DETAY

Yanakları baharatlayıp çok sıcak bir tavada kızartın. Çıkarın ve rezerve edin.

Bronoise sebzelerini doğrayın ve domuz etinin kızartıldığı yağda soteleyin. İyice kaynayınca şaraba batırın ve 5 dakika soğumaya bırakın. Kaplamak için yanakları ve et suyunu ekleyin.

Yanaklar yumuşayıncaya kadar pişirin ve istenirse sos ilave edin ki hiç yeşillik kalmasın.

HİLE

Domuz yanaklarının pişirilmesi sığır yanaklarına göre çok daha az zaman alır. Sosun sonuna bir miktar çikolata eklenerek farklı bir lezzet elde edilebilir.

COCHIFRITO NAVARRE

İÇERİK

2 adet kıyılmış kuzu budu

50 gram yağ

1 çay kaşığı kırmızı biber

1 yemek kaşığı sirke

2 diş sarımsak

1 soğan

zeytin yağı

Tuz ve biber

DETAY

Kuzu bacağını parçalara ayırın. Baharatlayın ve bir tavada yüksek ateşte kızartın. Çıkarın ve rezerve edin.

İnce doğranmış soğan ve sarımsağı aynı yağda kısık ateşte 8 dakika kavurun. Biber ekleyin ve 5 saniye daha kızartın. Kuzu ekleyin ve üzerini suyla kaplayın.

Sos kalınlaşana ve etler yumuşayana kadar pişirin. Sirkeyle nemlendirip kaynatın.

HİLE

İlk pişmesi, suyunun kaçmasını önleyeceği için önemlidir. Aynı zamanda çıtır bir dokunuş sağlar ve lezzeti artırır.

Fıstık soslu dana güveç

İÇERİK

750 gr kıyma

250 gr fıstık

2 litre et suyu

1 bardak krema

½ bardak grappa

2 yemek kaşığı domates sosu

1 dal kekik

1 dal biberiye

4 patates

2 havuç

1 soğan

1 diş sarımsak

zeytin yağı

Tuz ve biber

DETAY

Sapını doğrayın, baharatlayın ve yüksek ateşte kızartın. Çıkarın ve rezerve edin.

Aynı yağda, doğranmış soğanı, sarımsağı ve havuçları kısık ateşte kızartın. Isıyı arttırın ve domates sosunu ekleyin. Suyunu çekene kadar azaltalım. Brendi serpin ve alkolün buharlaşmasına izin verin. Eti tekrar ekleyin.

Fıstıkları çorbayla iyice ezin ve baharatlarla birlikte tavaya ekleyin. Et neredeyse yumuşayana kadar kısık ateşte pişirin.

Daha sonra soyulmuş ve kare şeklinde doğranmış patatesleri ve kremayı ekleyin. 10 dakika pişirin ve tuz ve karabiberle tatlandırın. Servis yapmadan önce 15 dakika dinlendirin.

HİLE

Bu et yemeğinin yanında pirinç pilavı da yapılabilir (bkz. Pilav ve makarna bölümü).

KIZARTILMIŞ PULLAR

İÇERİK

1 enayi

2 yemek kaşığı domates salçası

tuz

DETAY

Yanmalarını önlemek için kulaklarını ve kuyruğunu alüminyum folyo ile örtün.

Fırın tepsisine 2 tahta kaşık yerleştirin ve bebeği, fırın tepsisinin tabanına değmeyecek şekilde yüzü yukarı bakacak şekilde yerleştirin. 2 yemek kaşığı su dökün ve 180 derecede 2 saat pişirin.

Tuzu 4 dl suda eritin ve domuz yavrusunun içini her 10 dakikada bir boyayın. Daha sonra ters çevirin ve süre dolana kadar su ve tuzla boyamaya devam edin.

Tereyağını eritin ve cildi renklendirin. Fırını 200°C'ye ısıtın ve 30 dakika daha veya derisi altın kahverengi ve gevrek oluncaya kadar pişirin.

HİLE

Suyun cildinize bulaşmamasına dikkat edin; bundan dolayı çıtırlığını kaybeder. Sos yemeğin alt kısmında servis edilir.

Lahanalı Kavrulmuş Kin

İÇERİK

4 eklem

½ lahana

3 diş sarımsak

zeytin yağı

Tuz ve biber

DETAY

Eklemlerin üzerine kaynar su dökün ve 2 saat veya tamamen yumuşayana kadar pişirin.

Sudan çıkarın ve 220°C'de biraz yağ ekleyerek altın rengi kahverengi olana kadar pişirin. Mevsim.

Lahanayı ince şeritler halinde kesin. Bol kaynar suda 15 dakika kadar pişirin. Boşaltıyorum.

Bu sırada doğranmış sarımsağı az yağda kavurun, lahanayı ekleyip kavurun. Tuz ve karabiber serpin ve pişmiş turtalarla servis yapın.

HİLE

Nokle çok sıcak bir tavada da pişirilebilir. Onları her taraftan iyice kızartın.

TAVŞAN AVCI

İÇERİK

1 tavşan

300 gram mantar

2 su bardağı tavuk suyu

1 bardak beyaz şarap

1 dal taze kekik

1 defne yaprağı

2 diş sarımsak

1 soğan

1 domates

zeytin yağı

Tuz ve biber

DETAY

Tavşanı doğrayın, baharatlayın ve yüksek ateşte kızartın. Çıkarın ve rezerve edin.

İnce doğranmış soğan ve sarımsağı aynı yağda kısık ateşte 5 dakika kavurun. Ateşi arttırıp rendelenmiş domatesi ekleyin. Su bitene kadar pişirin.

Tavşanı tekrar ekleyin ve şarapla kaplayın. Azaltalım ve sos neredeyse kuru olsun. Et suyuna batırın ve otlarla birlikte 25 dakika veya et yumuşayana kadar pişirin.

Bu arada temizlenmiş ve dökülmüş mantarları kızgın tavada 2 dakika soteleyin. Tuzla tatlandırıp tavaya ekleyin. 2 dakika daha pişirin ve gerekirse tuz ekleyin.

HİLE

Aynı tarifi tavuk veya hindi ile de yapabilirsiniz.

MADRILEÑA DANA TARAĞI

İÇERİK

4 dana fileto

1 yemek kaşığı taze maydanoz

2 diş sarımsak

Un, yumurta ve galeta unu (ekmek için)

zeytin yağı

Tuz ve biber

DETAY

Maydanozu ve sarımsağı ince ince kıyın. Bunları bir kapta birleştirip galeta ununu ekleyin. Kendinizi toparlayın.

Filetoları tuz ve karabiberle tatlandırın ve un, çırpılmış yumurta, galeta unu, sarımsak ve maydanoz karışımıyla karıştırın.

Hamurun iyice yapışması için elinizle iyice bastırın ve bol kızgın yağda 15 saniye kızartın.

HİLE

Lifleri parçalamak ve eti daha yumuşak hale getirmek için filetoları çekiçle ezin.

MANTAR TAVŞAN GARANTİSİ

İÇERİK

1 tavşan

250 gr mevsim mantarı

50 gram yağ

200 gram pastırma

45 gr badem

600 ml tavuk suyu

1 bardak şeri

1 havuç

1 domates

1 soğan

1 diş sarımsak

1 dal kekik

Tuz ve biber

DETAY

Tavşanı doğrayın ve baharatlayın. Pastırmayı, çubuklar halinde kesin, yüksek ateşte tereyağında kızartın. Çıkarın ve rezerve edin.

Aynı yağda ince doğranmış soğanı, havucu ve sarımsağı kızartın. Dilimlenmiş mantarları ekleyip 2 dakika pişirin. Rendelenmiş domatesi ekleyip suyunu çekene kadar pişirin.

Tavşanı ve pastırmayı tekrar ekleyin ve şarapla kaplayın. Azaltalım ve sos neredeyse kuru olsun. Et suyuyla ıslatın ve kekik ekleyin. Kısık ateşte 25 dakika veya tavşan yumuşayana kadar pişirin. Badem ve tuz serpin.

HİLE

Kurutulmuş shiitake mantarlarını kullanabilirsiniz. Çok fazla lezzet ve aroma sağlarlar.

BEYAZ ŞARAP VE BALLI DOMUZ KABURGA

İÇERİK

1 İber domuz kaburgası

1 bardak beyaz şarap

2 kaşık bal

1 yemek kaşığı tatlı kırmızı biber

1 yemek kaşığı doğranmış biberiye

1 yemek kaşığı kıyılmış kekik

1 diş sarımsak

zeytin yağı

Tuz ve biber

DETAY

Bir kaseye baharatları, rendelenmiş sarımsağı, balı ve tuzu koyun. Yarım su bardağı sıvı yağı ekleyip karıştırın. Kaburgaları bu karışımla fırçalayın.

Etli tarafı alta gelecek şekilde 200°C'de 30 dakika pişirin. Çevirin, şarapla yağını alın ve 30 dakika daha veya kaburgalar kızarıp yumuşayana kadar pişirin.

HİLE

Aromaların kaburgalara daha fazla nüfuz etmesini sağlamak için sığır eti bir gün önceden marine etmek en iyisidir.

GALLEGO ROTALARI

İÇERİK

250 gr beyaz fasulye

500 gr temizlenmiş pancar sosu

500 gram morcia

100 gram jambon

100 gr yağ

1 omurilik kemiği

3 patates

1 sosis

1 siyah puding

tuz

DETAY

Fasulyeleri önceden 12 saat soğuk suda bekletin.

Patates ve şalgam dışındaki tüm malzemeleri bir tavaya koyun ve 2 litre soğuk, tuzsuz suda kaynatın.

Başka bir tencerede şalgamları kaynayan tuzlu suda 15 dakika kadar haşlayın.

Fasulyeler neredeyse hazır olduğunda, patatesleri kakao tozuna ekleyin ve tuzla tatlandırın. Isıtıcıyı atın. Birkaç saniye ateşte bırakıp dilimlenmiş et parçalarıyla birlikte masanın üzerine koyun.

HİLE

Hazırlama sırasında fasulyelerin daha yumuşak olması ve kabuklarını kaybetmemesi için pişirmeye 3 kez soğuk su veya buzla ara verin.

LONESA LENS

İÇERİK

500 gr mercimek

700 gram soğan

200 gram tereyağı

1 dal maydanoz

1 dal kekik

1 defne yaprağı

1 küçük soğan

1 havuç

6 karanfil

tuz

DETAY

Yaprak şeklinde doğradığınız soğanı tereyağında kısık ateşte kavurun. Kapağını kapatıp kızarana kadar pişirin.

Mercimekleri, bütün küçük soğanların üzerine doldurulmuş karanfilleri, doğranmış havuçları ve otları ekleyin. Soğuk suyla örtün.

Baklagiller yumuşayıncaya kadar suyunu süzüp kısık ateşte pişirin. Tuz ekleyelim.

HİLE

Pişirmeye yüksek sıcaklıkta başlayıp orta sıcaklığa geçmek önemlidir ki yapışmasınlar.

KÜR ELMA MERCİMEK

İÇERİK

300 gr mercimek

8 kaşık krema

1 yemek kaşığı köri

1 altın elma

1 dal kekik

1 dal maydanoz

1 defne yaprağı

2 soğan

1 diş sarımsak

3 karanfil

4 yemek kaşığı yağ

Tuz ve biber

DETAY

Mercimekleri 1 adet soğan, sarımsak, defne yaprağı, kekik, maydanoz, karanfil, tuz ve karabiberle birlikte soğuk suda 1 saat haşlayın.

Ayrı olarak ikinci soğanı elmayla birlikte yağda kızartın. Köriyi ekleyip karıştırın.

Mercimekleri elmalı güveçte ekleyin ve 5 dakika daha pişirin. Kremayı ekleyin ve iyice karıştırın.

HİLE

Mercimek kaldıysa üzerine krema sürüp yanındaki karidesleri de kızartabilirsiniz.

NAVARRE'DA POCHAS

İÇERİK

400 gram fasulye

1 yemek kaşığı biber

5 diş sarımsak

1 İtalyan yeşil biberi

1 kırmızı biber

1 temiz pırasa

1 havuç

1 soğan

1 büyük domates

zeytin yağı

tuz

DETAY

Fasulyeleri güzelce temizleyin. Tavayı biber, soğan, pırasa, domates ve havuçla birlikte suyla kaplayın. Yaklaşık 35 dakika pişirin.

Sebzeleri boşaltın ve doğrayın. Daha sonra bunları tekrar tavaya ekleyin.

Sarımsakları ince ince kıyıp az yağda kavurun. Ateşten alın ve kırmızı biber ekleyin. Rehome 5 beyaz fasulyeye dahildir. Tuz ekleyelim.

HİLE

Taze baklagil olduğundan pişme süresi çok daha kısadır.

LENS

İÇERİK

500 gr mercimek

1 yemek kaşığı biber

1 büyük havuç

1 orta boy soğan

1 büyük dolmalık biber

2 diş sarımsak

1 büyük patates

1 tutam jambon

1 sosis

1 siyah puding

Domuz pastırması

1 defne yaprağı

tuz

DETAY

İnce kıyılmış kerevizleri hafif yumuşayana kadar kavurun. Pul biberi ekleyin ve üzerini bir buçuk litre suyla doldurun (sebze çorbaları veya çorbalar da kullanabilirsiniz). Mercimek, et, jambonun ucu ve defne yaprağını ekleyin.

Chorizo ve siyah pudingi parçalanmamaları için yumuşak olduklarında çıkarın ve saklayın. Mercimekler bitene kadar pişirmeye devam edin.

Küp küp doğranmış patatesleri ekleyip 5 dakika daha pişirin. Bir çimdik tuz ekle.

HİLE

Mercimeği pişirirken farklı bir lezzet için 1 çubuk tarçın ekleyin.

morina

İÇERİK

Kırıntılarda tuzsuz morina 100 g

100 gr taze soğan

1 yemek kaşığı taze maydanoz

1 şişe taze bira

boya

şöhret

zeytin yağı

Tuz ve biber

DETAY

Morina balığı, arpacık soğanı ve ince kıyılmış maydanozu, birayı, biraz gıda boyasını, tuzu ve karabiberi bir kaseye koyun.

Unu, her seferinde bir çorba kaşığı olacak şekilde, sürekli karıştırarak, hafif kalın, yumuşak bir kıvam elde edinceye kadar (damlama olmadan) karıştırın ve ekleyin. 20 dakika buzdolabında bekletin.

Bol yağda kızartın, karışımı kaşıkla üzerine dökün. Altın rengine döndüklerinde çıkarın ve emici kağıdın üzerine koyun.

HİLE

Bira yoksa sodayla da yapılabilir.

DURADO COD

İÇERİK

400 gr tuzlanmış ve ezilmiş morina

6 yumurta

4 orta boy patates

1 soğan

taze maydanoz

zeytin yağı

tuz

DETAY

Patatesleri soyun ve şeritler halinde kesin. Suyu berraklaşana kadar iyice yıkadıktan sonra bol kızgın yağda kızartın. Tuz mevsimi.

Yapraklara kesilmiş soğanı kaynatın. Isıyı arttırın, doğranmış morina balığını ekleyin ve sıvı kaybolana kadar pişirin.

Yumurtaları ayrı bir kapta çırpın, morina, patates ve soğanı ekleyin. Tavada hafifçe ezin. Tuzla tatlandırın ve doğranmış taze maydanozu ekleyin.

HİLE

Sulu hale getirmek için biraz kıvrılması gerekiyor. Patateslerin çıtırlığını kaybetmemesi için sonuna kadar tuzlamayın.

BASK YENGEÇ

İÇERİK

1 yengeç örümceği

500 gram domates

75 gr serrano jambonu

50 gr taze ekmek kırıntısı (veya kırıntıları)

25 gram tereyağı

1 bardak buçuk brendi

1 yemek kaşığı maydanoz

1/8 soğan

½ diş sarımsak

Tuz ve biber

DETAY

Örümcek yengeçlerini (her 100 gr için 1 dakika) 2 lt suda, 140 gr tuzla pişirin. Eti soğutun ve çıkarın.

İnce jülyen şeritler halinde kesilen jambon, ince doğranmış soğan ve sarımsakla birlikte pişirilir. Rendelenmiş domatesi ve kıyılmış maydanozu ekleyip kuru bir macun elde edene kadar pişirin.

Örümcek etini ekleyin, brendi ve alevle kaplayın. Ateşten alınan kırıntıların yarısını ekleyin ve örümcek yengecinin içini doldurun.

Kalan kırıntıları üstüne serpin ve üzerine dilimlenmiş tereyağını sürün. Altın kahverengi olana kadar fırında pişirin.

HİLE

Ayrıca iyi bir İber chorizo ile hazırlayabilir ve üzerine füme peynir koyabilirsiniz.

SİRKEDEN KAÇININ

İÇERİK

12 hamsi

300 cl şarap sirkesi

1 diş sarımsak

kıyılmış maydanoz

sızma zeytinyağı

1 çay kaşığı tuz

DETAY

Temizlenmiş hamsileri su ile seyreltilmiş sirke ve tuzla düz bir tabağa dizin. 5 saat buzdolabında bekletin.

Bu arada ince kıyılmış sarımsak ve maydanozu yağda kızartın.

Hamsileri sirkeden çıkarın ve yağ ve sarımsakla fırçalayın. Tekrar 2 saat buzdolabına koyun.

HİLE

Hamsileri su berraklaşana kadar birkaç kez yıkayın.

MARKA COD

İÇERİK

¾ kg tuzsuz morina

1 dl süt

2 diş sarımsak

3 dl zeytinyağı

tuz

DETAY

Orta ateşte küçük bir tencerede yağı sarımsakla birlikte 5 dakika ısıtın. Morina ekleyin ve çok düşük ateşte 5 dakika daha pişirin.

Sütü ısıtın ve blender haznesine dökün. Derisiz morina ve sarımsak ekleyin. İyi bir hamur elde edene kadar çırpın.

Homojen bir hamur elde edene kadar çırpmayı bırakmadan yağ ekleyin. Tuz ekleyin ve maksimum güçte pişirin.

HİLE

Tostun üzerine yenebilir ve aioli'nin üzerine sürülebilir.

ADOBO TOZU (BIENMESABE)

İÇERİK

500 gr köpekbalığı

1 bardak sirke

1 yemek kaşığı öğütülmüş kimyon

1 yemek kaşığı tatlı kırmızı biber

1 yemek kaşığı kekik

4 defne yaprağı

5 diş sarımsak

şöhret

zeytin yağı

tuz

DETAY

Daha önce doğradığınız köpekbalıklarını derin bir kaseye koyup temizleyin.

Bir avuç tuz ve bir çay kaşığı kırmızı biber, kimyon ve kekik ekleyin.

Sarımsakları kabuğuyla birlikte ezip kaseye ekleyin. Ayrıca bir defne yaprağı ekliyoruz. Son olarak bir bardak sirke ve bir bardak daha su ekleyin. Bir gece dinlenmeye bırakın.

Köpekbalığı parçalarını un içinde kurutup kızartın.

HİLE

Kimyon taze çekilmişse sadece ¼ çorba kaşığı ekleyin. Kestane veya maymunbalığı gibi diğer balıklarla da hazırlanabilir.

PORTAKAL VE TONBA TURŞUSU

İÇERİK

800 gr ton balığı (veya taze palamut)

70 ml sirke

140 ml şarap

1 havuç

1 teğmen

1 diş sarımsak

1 portakal

½ limon

1 defne yaprağı

70 ml yağ

Tuz ve biber

DETAY

Havucu, pırasayı ve sarımsağı ince ince doğrayın ve biraz yağda kurumaya bırakın. Sebzeler yumuşayınca sirke ve şarapla ıslatın.

Defne yaprağını ve biberi ekleyin. Tuzla tatlandırıp 10 dakika daha pişirin. Turunçgillerin lezzetini ve suyunu ve 4 parçaya kesilmiş ton balığını ekleyin. 2 dakika daha pişirip ocaktan alın ve dinlenmeye bırakın.

HİLE

Lezzetli bir tavuk turşusu yapmak için aynı adımları izleyin. Tavuğu marine edilmiş güvece eklemeden önce kızartın ve 15 dakika daha pişirin.

KARİDES SU GEÇİRMEZ

İÇERİK

500 gr karides

100 gr un

½ dl soğuk bira

boya

zeytin yağı

tuz

DETAY

Karidesleri kuyruğunu çıkarmadan soyun.

Unu, biraz gıda boyasını ve tuzu bir kapta karıştırın. Karıştırmayı bırakmadan yavaş yavaş birayı ekleyin.

Karidesleri kuyruklarından tutup önceki karışıma batırıp kızartın. Altın kahverengi olduklarında fırından çıkarın ve emici kağıt üzerinde saklayın.

HİLE

Unun içerisine 1 çay kaşığı köri veya kırmızı biber ekleyebilirsiniz.

Fesleğenli ton balığı

İÇERİK

125 gr yağda konserve ton balığı

½ litre süt

4 yumurta

1 dilim dilimlenmiş ekmek

1 yemek kaşığı rendelenmiş parmesan peyniri

4 yaprak taze fesleğen

şöhret

zeytin yağı

Tuz ve biber

DETAY

Ton balığını süt, yumurta, dilimlenmiş ekmek, Parmesan ve fesleğenle karıştırın. Tuz ve biber.

Hamuru önceden tereyağı ve unla yağlanmış ayrı kalıplara yerleştirip 170°C'deki ılık suda 30 dakika pişirin.

HİLE

Bu tarifi konserve istiridye veya sardalye ile de yapabilirsiniz.

BİR MİNER

İÇERİK

6 taban

250 gram tereyağı

50 gr limon suyu

2 yemek kaşığı ince kıyılmış maydanoz

şöhret

Tuz ve biber

DETAY

Kafaları ve soyulmuş tabanları baharatlayın ve unlayın. Orta ateşte eritilmiş tereyağında unun yanmamasına dikkat ederek her iki tarafını da kızartın.

Balıkları çıkarın ve limon suyunu ve maydanozu tavaya ekleyin. Karıştırmaya ara vermeden 3 dakika pişirin. Balıkları sosla birlikte servis edin.

HİLE

Tarife lezzetli bir dokunuş katmak için biraz kapari ekleyin.

İÇİ BOŞ SOMON GERİ

İÇERİK

2 somon filetosu

½ litre köpüklü şarap

100 ml krema

1 havuç

1 teğmen

zeytin yağı

Tuz ve biber

DETAY

Somonu baharatlayın ve her iki tarafını da kızartın. Rezerv.

Havucu ve pırasayı uzun, ince çubuklar halinde kesin. Sebzeleri somonun kızartıldığı yağda 2 dakika kızartın. Kahve ile nemlendirip yarıya kadar bekletin.

Kremayı ekleyin, 5 dakika pişirin ve somonu ekleyin. 3 dakika daha pişirin ve tuz ve karabiberle tatlandırın.

HİLE

Somonu 12 dakika buharda pişirip bu sosla yiyebilirsiniz.

Levrek PIQUILTOS BILBAN STİLİ

İÇERİK

4 istiridye

1 yemek kaşığı sirke

4 diş sarımsak

Piquillo biberi

125 ml zeytinyağı

Tuz ve biber

DETAY

Levrek filetolarını çıkarın. Tuz ve karabiberle tatlandırın ve bir tavada yüksek ateşte dışı altın rengine, içi sulu oluncaya kadar kızartın. Çıkarın ve rezerve edin.

Sarımsakları doğrayın ve balıkla aynı yağda kızartın. Sirke ile nemlendirin.

Biberleri de aynı tavada kızartın.

Sosu levrek filetolarının üzerine dökün ve kırmızı biberle servis yapın.

HİLE

Bilbao sosu önceden hazırlanabilir; Daha sonra tek yapmanız gereken tekrar ısıtmak ve servis yapmak.

Bir şişedeki kabuklar

İÇERİK

1 kg midye

1 küçük bardak beyaz şarap

2 yemek kaşığı sirke

1 küçük yeşil biber

1 büyük domates

1 küçük taze soğan

1 defne yaprağı

6 yemek kaşığı zeytinyağı

tuz

DETAY

Kabukları yeni bir bulaşık makinesiyle iyice temizleyin.

Midyeleri şarap ve defne yaprağıyla birlikte tavaya koyun. Kapakları çıkana kadar yüksek ateşte pişirin. Kabuklarından birini ayırıp atın.

Domates, taze soğan ve biberi ince ince doğrayıp salata sosunu hazırlayın. Sirke, yağ ve tuzla tatlandırın. Karıştırıp midyelerin üzerine dökün.

HİLE

Tatların gelişmesi için bir gece bekletin.

MARMİTAKA

İÇERİK

300 gr ton balığı (veya palamut)

1 litre balık suyu

1 yemek kaşığı chorizo biber

3 büyük patates

1 büyük kırmızı biber

1 büyük yeşil biber

1 soğan

zeytin yağı

Tuz ve biber

DETAY

Soğanı ve kare şeklinde kesilmiş biberi kızartın. Bir kaşık dolusu chorizo biberi ve soyulmuş ve dilimlenmiş patatesleri ekleyin. 5 dakika karıştırın.

Balıkları suyla ıslatın ve pişmeye başlayınca tuzlayıp biberleyin. Patatesler pişene kadar kısık ateşte pişirin.

Isıyı kapatın ve doğranmış ve terbiyeli ton balığını ekleyin. Servis yapmadan önce 10 dakika dinlendirin.

HİLE

Ton balığı somonla değiştirilebilir. Sonuç şaşırtıcı.

tuzda levrek

İÇERİK

1 levrek

600 gr kaba tuz

DETAY

Balıkları ayıklayıp temizleyin. Bir tabağa tuz yatağı koyun, üzerine levrek koyun ve kalan tuzu örtün.

Tuz sertleşip parçalanıncaya kadar 220°C'de pişirin. Bu her 100 gram balık için yaklaşık 7 dakikadır.

HİLE

Pullar eti yüksek sıcaklıklardan koruduğu için tuzda pişirirken balığın dağılmaması gerekir. Tuzu otlarla baharatlayabilir veya protein ekleyebilirsiniz.

Haşlanmış Midye

İÇERİK

1 kg midye

1 dl beyaz şarap

1 defne yaprağı

DETAY

Kabukları yeni bir bulaşık makinesiyle iyice temizleyin.

Midyeleri, şarabı ve defne yaprağını sıcak bir tavaya koyun. Kapakları çıkana kadar yüksek ateşte pişirin. Açılmamış halde atın.

HİLE

Bu Belçika'da çok popüler bir yemektir ve iyi patates kızartmasıyla birlikte gelir.

GALİÇYA HAKE

İÇERİK

4 dilim hake

600 gr patates

1 çay kaşığı kırmızı biber

3 diş sarımsak

1 orta boy soğan

1 defne yaprağı

6 yemek kaşığı sızma zeytinyağı

Tuz ve biber

DETAY

Bir tavada suyu ısıtın; Dilimlenmiş patatesi, dilimlenmiş soğanı, tuzu ve defne yaprağını ekleyin. Her şey yumuşayana kadar 15 dakika kısık ateşte pişirin.

Baharatlı hake dilimlerini ekleyin ve 3 dakika daha pişirin. Patatesleri ve hakeyi boşaltın ve hepsini birlikte toprak bir tabağa koyun.

Dilimlenmiş veya doğranmış sarımsakları bir tavada kızartın; altın rengi olduğunda ocaktan alın. Biber ekleyin, karıştırın ve bu sosu balığın üzerine dökün. Biraz pişirme suyuyla hızlı bir şekilde servis yapın.

HİLE

Balık dilimlerinin ve patateslerin üzerini kaplayacak kadar suyun olması önemlidir.

HAKE BASKETBOL

İÇERİK

1 kg hake

100 gr haşlanmış bezelye

100 gram soğan

100 gr istiridye

100 gram karides

1 dl balık suyu

2 yemek kaşığı maydanoz

2 diş sarımsak

8 kuşkonmaz ipucu

2 haşlanmış yumurta

şöhret

Tuz ve biber

DETAY

Hake'yi dilimler veya filetolar halinde kesin. Baharatlayın ve unu ekleyin.

İnce doğranmış soğanı ve sarımsağı bir tavada yumuşayana kadar kavurun. Isıyı arttırın, balıkları ekleyin ve her iki tarafı da hafifçe kızartın.

Füme eti ekleyin ve sosun koyulaşması için tavayı sürekli hareket ettirerek 4 dakika pişirin. Soyulmuş karidesleri, kuşkonmazı, temizlenmiş istiridyeleri, bezelyeleri ve yumurta çeyreklerini ekleyin. Bir dakika daha pişirin ve üzerine kıyılmış maydanoz serpin.

HİLE

Tuzun daha eşit dağılması için tavuğu pişirmeden 20 dakika önce tuzlayın.